Miriam Kalliwoda

Der Gefühlsprofiler

Wie wir im Chaos unserer Emotionen aufräumen

GOLDMANN

Verlagsgruppe Random House FSC® N001967
Das für dieses Buch verwendete FSC®-zertifizierte Papier
Super Snowbright liefert Hellefoss AS, Hokksund, Norwegen.

1. Auflage
Originalausgabe September 2015
© Wilhelm Goldmann Verlag, München,
in der Verlagsgruppe Random House GmbH
Umschlaggestaltung: UNO Werbeagentur, München
Umschlagmotiv: Getty Images / simmosimosa; FinePic®, München
Lektorat: Judith Mark
SSt · Herstellung: cb
Satz: Fotosatz Amann, Memmingen
Druck und Bindung: GGP Media GmbH, Pößneck
Printed in Germany
ISBN 978-3-442-22106-6

www.goldmann-verlag.de

*Für alle gebrochenen Herzen
und die dadurch zum Vorschein kommenden Möglichkeiten*

Inhalt

Vorwort	9

Kapitel 1: Was Sie über Täter, Tatorte und Spuren wissen sollten — 23
Was sind überhaupt Täter? — 23
Wie wirken sich belastende Gefühle aus? — 34
Der Ursprung unserer belastenden Gefühle und warum wir unbewusst an ihnen festhalten — 50
Tatorte und wie Sie diese sichtbar machen können — 66
Verschaffen Sie sich einen Überblick am Tatort — 80

Kapitel 2: Lernen Sie Ihren inneren Ermittler kennen — 87
Die Bedeutung und die Eigenschaften eines Ermittlers — 87
Den inneren Ermittler kreieren — 98
Den Ermittler mit einem Dienstfahrzeug ausstatten — 106

Kapitel 3: In Kontakt mit Ihrem inneren Ermittler: Machen Sie ein Ritual daraus — 113
Nehmen Sie sich Zeit — 113

Schaffen Sie sich einen angenehmen Raum 122
Was sonst noch hilft und unterstützt 127

Kapitel 4: Ermittlungsstrategien 137
Ermittlungsstrategien: Der Umgang mit unseren
Gefühlen und Gedanken 137
Unsere Zeugen: Der Umgang mit unseren
Gedanken und Glaubenssätzen 153
Die Zeugenvernehmung 164
Unsere Täter überführen 177

Kapitel 5: Der Lohn für Ihren Mut 185
Ihr Gewinn, Ihre Belohnung, Ihr Geschenk 185
Auch ohne Krisen – ungelöste Fälle in uns
bearbeiten 195

Kapitel 6: Austausch mit anderen 199
Begegnungen, Seminare und Workshops 199

Schluss 206

Anhang 213
Checkliste für die Arbeit mit unseren Gefühlen 213

Dank 217
Literatur 221

Vorwort

Plötzliche Ereignisse wie die Trennung von Menschen, die wir lieben, oder aber wiederkehrende Belastungen in Form von Überforderungen im Alltag sowie Verletzungen jeglicher Art können uns so stark beeinträchtigen, dass wir das Gefühl haben, den Halt zu verlieren. Wir stehen neben uns, haben das Gefühl, dass unser Leben komplett aus der Bahn geraten ist. Vieles, was bisher unhinterfragt Gültigkeit hatte, ist jetzt in Frage gestellt. All das macht Angst. Und dann kommen auf einmal auch noch starke Gefühle in uns hoch, die wir jetzt eigentlich gar nicht brauchen können und denen wir uns hilflos ausgeliefert fühlen. Oft haben wir diese Gefühle über lange Zeit erfolgreich verdrängt. Jetzt sind sie in voller Intensität da, zeigen sich als Schmerz, Wut, Einsamkeit. Wir bekommen Panikattacken, Beklemmungen, Atemnot oder leiden unter Schlaflosigkeit, Fressattacken oder Appetitlosigkeit.

In einer solchen Krisenzeit stellen wir möglicherweise auch zum ersten Mal in unserem Leben fest, dass wir planen und organisieren können, so viel wir wollen, im Endeffekt aber nie wissen, was daraus wird. Wir müssen uns von der Vorstellung verabschieden, dass sich Sicherheit durch das Schmieden von Zukunftsplänen herstellen lässt. Krisen stellen Wendepunkte im Leben dar, in denen wir uns für etwas Neues entscheiden müssen. Könnten wir doch in diesen Momenten darauf vertrauen, dass etwas Gutes, Neues entsteht! Dann würde uns die Zeit des Übergangs nicht so in Angst und Schrecken versetzen.

Die gute Nachricht ist: Wir sind der Krise nicht ausgeliefert; wir sind nicht gezwungen, uns gedanklich im Kreis zu drehen und auf das Problem fixiert zu bleiben, aus dem es keinen Ausweg zu geben scheint. Die Lösung liegt in uns selbst – wir brauchen keinen äußeren »Retter«. Natürlich: Andere Menschen können uns helfen und uns behutsam neue Perspektiven eröffnen, aber sie können uns niemals das geben, wonach wir uns so sehr sehnen. In uns ist der einzige Ort, an dem wir wirklich diese Person finden können, die uns all das gibt, wonach sich unser Herz sehnt – wir selbst. Wir müssen unseren eigenen Weg finden und dann auch gehen. Das kann uns niemand abnehmen. Aber wir können Hilfestellungen annehmen, um herauszufinden, wo es langgeht.

Ich bin Kriminaloberkommissarin und habe viele Jahre an den unterschiedlichsten Tatorten ermittelt, Täter überführt und Kriminalfälle gelöst. Durch meine Arbeit habe ich gelernt, dass uns sehr häufig bestimmte Gefühle, Gedanken und Verhaltensweisen daran hindern, unser Leben in die eigenen Hände zu nehmen und es so zu verändern, dass es für uns selbst passt und wir zufrieden sind. Ich habe beispielsweise Menschen kennengelernt, die von ihren Partnern misshandelt wurden. Sie wurden verbal und körperlich verletzt, würdelos behandelt und haben ein Leben in Angst und Schrecken gelebt. Aber Gedanken wie »Ich verdiene es nicht anders«, »Er/sie liebt mich doch«, »Er/sie hat gerade so viel Stress auf der Arbeit« sowie ein beeinträchtigtes Selbstbewusstsein und die Angst vor dem Alleinsein oder der Zukunft hielten viele dieser Menschen davon ab, notwendige Veränderungen anzugehen. Sie ertrugen lieber ein Leben in Schmerz und Leid, als sich der Herausforderung zu stellen, ihre Gefühle und Wünsche ernst zu nehmen und sich von dem misshandelnden Partner zu lösen. Das Altbekannte erscheint uns eben oft als das Sicherste.

Oder aber wir zögern so lange, bis wir einen unsanften Tritt von außen bekommen und unser Leben von jetzt auf gleich auf den Kopf gestellt wird. Ein Retter ist nicht in Sicht; wir sind auf uns selbst angewiesen. In dieser Situation ist es hilfreich, zunächst einmal den Ort in uns ausfindig zu machen, an dem es schmerzt. Diesen Ort, den Tatort, können wir mit unserer Aufmerksamkeit beleuchten, bearbeiten und auf diese Weise die wahren Ursachen unseres Schmerzes identifizieren, die Täter gewissermaßen. So können wir die Blockaden lösen, die uns daran hindern, ein zufriedenes, erfülltes Leben zu führen.

Jetzt werden Sie vielleicht einwenden: Wie, bitte, soll ich denn in Zeiten, in denen es mir ohnehin schon schlecht geht, ruhig und bewusst meine Gefühle und Gedanken wahrnehmen? Stimmt. Um das zu schaffen, brauchen wir Hilfe. Wir brauchen unseren eigenen Ermittler, also den Teil in uns, der mit einem gewissen Abstand und einer gewissen Neutralität alles in uns beobachtet und uns hilft, uns so anzunehmen, wie wir sind. Er oder sie beißt sich nicht gleich an der ersten Spur fest und bewertet diese auch nicht subjektiv. Er hilft uns, wertneutral an die Kriminalfälle von Liebe, Verrat und Betrug heranzugehen, und begibt sich mutig zu den einzelnen inneren Tatorten. Unser eigener Ermittler hilft uns, unsere Täter aufzuspüren, ihnen dicht auf den Fersen zu bleiben und sie schließlich zu überführen. Haben wir das erst einmal geschafft, können wir ein selbstbestimmtes und freieres Leben führen.

Ich gehöre auch zu den Menschen, die über eine lange Zeit ihr Leben einfach so gelebt haben, ohne sich mit sich selbst, den eigenen Wünschen und Bedürfnissen zu beschäftigen. Das Leben war halt so, wie es war, ich kannte es nicht anders. Ich habe mich damals nicht getraut, bestimmte Dinge an- oder gar auszusprechen bzw. habe ich mich dafür geschämt, bestimmte Gedanken überhaupt zu haben. 2009 weckte mich das Leben aus meinem Dornröschenschlaf auf. Ich wurde leider nicht wie im Märchen wachgeküsst. Ehrlich gesagt, fühlte es sich eher so an, als ob mich jemand mit einem Baseballschläger schlug, um sicherzugehen, dass ich den Weckruf verstand und meine gesamte Aufmerksamkeit auf mein Leben richtete. Meine Ehe zerbrach, und ich verlor zunächst einmal den Boden unter den Füßen. Ich spürte plötzlich intensive Gefühle von Angst, Wut, Hass, Scham, Trauer, Hilflosigkeit und Schuld in mir. Meine Gedanken kreisten: Warum war gerade mir das passiert? Hätte ich nicht die Warnsignale rechtzeitig erkennen und alles Weitere verhindern müssen?

Irgendwann fand ich mich in einem riesigen, dunklen inneren Loch wieder. Ich spürte, dass ich mein altes Leben nicht weiterleben konnte, und das machte mir schreckliche Angst. Ich wollte eigentlich nur, dass dieses innere Chaos schnellstmöglich wieder aufhört. Aber gleichzeitig waren meine Gefühle so lebendig wie nie zuvor. Das, was ich mir früher oft im Außen gewünscht hatte, nämlich Abwechslung und Spannung, spielte sich nun in meinem Inneren ab. All das, was mir täglich im Polizeidienst begegnete, fand sich nun auch in mir wieder. Es kam mir vor, als ob ein oder mehrere Täter in mir alles ziellos zerstörten und niemand da war, der für Sicherheit und Ordnung sorgen wollte. Ich verstand damals nicht, was da in mir in Gang gesetzt wurde.

Nach einigen Wochen mit diesen belastenden Gefühlen und Gedanken stand ich eines Tages an meinem Wohnzimmerfenster und schaute auf die Bäume im Garten und wie sie sich im Wind bewegten. Die Bäume stehen dort Tag um Tag und halten jedem Wetter stand. Sie lassen sich nicht von der erstbesten Windböe umhauen und entwurzeln. Wollte ich mich also von meiner Krise entwurzeln lassen? Aber wo lagen meine Wurzeln? Darauf hatte ich ebenso wenig eine Antwort wie auf viele andere Fragen, aber ich spürte, dass sich etwas in meinem Leben verändern musste, dass ich jemanden benötigte, der mir wieder Ruhe und Vertrauen gab und mir half, meine Wurzeln zu finden und sie tief in den Boden zu versenken. Erst einmal versuchte ich allerdings, vor meinen belastenden Gefühlen davonzulaufen, wie ich es in meinem Leben schon so oft getan hatte. Aber all die Ablenkungen im Außen und das Davonlaufen vor meiner Realität konnten die Täter in mir nicht aufhalten und das innere Chaos nicht eindämmen.

Können Sie sich noch daran erinnern, wie Sie sich als Kind versteckt haben? Haben Sie da nicht einfach Ihre Hände vor Ihr Gesicht gehalten und geglaubt, wenn Sie die anderen nicht sehen, dann sehen die anderen Sie auch nicht? Tja, heute wissen wir, dass diese Strategie schon damals nicht wirklich funktioniert hat und es auch heute nicht tut. Unsere Gedanken und Gefühle wollen gefunden und gesehen werden. Sie sind da, auch wenn wir sie nicht wahrhaben möchten. Mir das bewusst zu machen war unglaublich schmerzhaft, und als mir klar wurde, dass ich meine Augen aus Angst vor der Realität und möglichen Konsequenzen verschloss, gab es für mich kein Zurück mehr. Es war wie ein inneres Versprechen, das ich mir gab: Ich wollte nicht mehr vor den belastenden Gefühlen, im Endeffekt also vor mir selbst davonlaufen. Das ist wirklich ein bedeutendes Versprechen und eine ziemlich große Herausforderung, der ich mich immer wieder aufs Neue stelle.

Zeiten der Stille, Bücher, Seminare, Coachings und Meditationen halfen mir damals, mich auf meine Gefühlswelt einzulassen und mir selbst zuzuhören. Ebenso das

Gefühl, nicht allein zu sein. Ich las viel über Emotionen und Selbstannahme und lernte mich dadurch immer besser kennen, wusste aber oft nicht, wie ich dieses Beobachten, Annehmen und Verändern der Gefühle anstellen sollte. Das hörte sich in den Büchern immer so leicht an und wollte bei mir einfach nicht funktionieren. Ich wünschte mir eine Art Handbuch, wie man das Beobachten und Annehmen erlernen kann. Meiner Meinung nach besitzen wir alle diese Fähigkeit schon und benötigen manchmal nur eine kleine Anleitung, um unsere in Vergessenheit geratenen Ressourcen wieder zu aktivieren.

Durch meinen Beruf erlernte ich einen strukturierten Umgang mit meinen Gefühlen und Gedanken. Als Kommissarin darf ich mich von dem, was ich sehe und erlebe, nicht innerlich vereinnahmen lassen. Um meine Gedanken und Gefühle trotzdem noch fühlen und annehmen zu können, versuchte ich eine liebevolle, verspielte Art zu entwickeln, um lebendig, aber objektiv zu bleiben und mit belastenden Situationen gut umgehen zu können. So kam meine innere Ermittlerin zu ihrem Job. Durch ihre Hilfe, durch ihre objektivere Sicht auf die Dinge, ihr Ermittlungsgeschick und ihre unglaubliche Geduld sorgte sie langsam, aber sicher dafür, dass sich in mir wieder ein Gefühl von Sicherheit einstellte. Sie spürte viele belastende Gefühle auf, nahm viele meiner inneren Täter fest und schaffte es, dass ich mich bei mir selbst wieder zu Hause fühlen konnte. Durch sie lernte ich, meine Gefühle und Gedanken mit einem gewissen Abstand zu betrachten.

Ich bemerkte dabei auch, dass ich nicht meine Gefühle und auch nicht meine Gedanken bin. Meine Ermittlerin half mir, das Leben nicht immer so ernst zu nehmen und vieles mit mehr Leichtigkeit anzugehen. Ich habe durch die Ermittlungsarbeit an meinen inneren Tatorten gelernt, dass ich mir meiner Gefühle, Gedanken und Verhaltensweisen oft nicht bewusst gewesen bin. Ich hatte ein so starres Bild von mir selbst und anderen und auch davon, wie ich selbst und andere sich zu verhalten hatten, dass gar kein Raum für Kreativität, Spontaneität und Überraschungen mehr war. Ich glaubte, mich, meinen Partner und das Leben zu kennen. Heute stelle ich jeden Tag aufs Neue fest, dass ich nur einen kleinen Teil von mir selbst kannte und kenne. Ohne die Trennung von meinem damaligen Ehemann hätte ich mich nie mit mir selbst und dem Leben auseinandergesetzt. Das weiß ich heute, aber damals war es ein langer, schmerzlicher Prozess.

Inzwischen nehme ich das Auf und Ab meiner Gefühle bewusst wahr und auch, dass meine Befindlichkeit oft einfach irgendwo zwischen gut und nicht so gut liegt. Manches ist beängstigend, manches unglaublich erfreulich, und oftmals ist es ein Mix aus verschiedenen Gefühlen. Aber es ist immer lebendig! Ich versuche mich einfach überraschen zu lassen, mich einzulassen, lehne mich immer öfter einfach zurück und bin offen für die täglichen Herausforderungen des Lebens. Ich sehe alles irgendwie positiver, entspannter und gehe mit einer gewissen kindlichen Verspieltheit an alles heran. Jedes Ereignis in meinem Leben, sei es eines, das mein Herz vor Freude hüpfen lässt, oder eines, das mich zum Weinen bringt, hilft mir zu wachsen und gehört zu meinem Lebensweg dazu. Es bringt mich weiter zu mir, davon bin ich überzeugt. Liebe, Vertrauen, Mitgefühl und Freude haben einen großen Platz in meinem Leben eingenommen. Natürlich gibt es auch weiterhin belastende Gefühle und Gedanken, aber diese machen mir immer weniger Angst, weil ich weiß, wie ich meine Täter aufspüren und »dingfest« machen kann. Meine innere Ermittlerin ist meine Helferin, Vertraute, Freundin geworden. In mir habe ich die Person gefunden, die ich immer im Außen gesucht habe. Niemand außer mir selbst kann die Verantwortung für mein Leben übernehmen. Ich sorge für Sicherheit und Ordnung in mir selbst. Und diese Erfahrung möchte ich gern mit Ihnen teilen.

Denn heute bin ich davon überzeugt, dass wir aus jeder Krise, aus jeder Auseinandersetzung etwas Wichtiges für unser Leben lernen können. Wir müssen aber den Mut aufbringen, uns unseren größten Ängsten zu stellen. Auch wenn es in solchen Situation unheimlich schwerfällt, nicht zu zweifeln oder zu verzweifeln, ist es wichtig, dass wir an uns, das Leben, die Liebe glauben. Lernen wir darauf zu vertrauen, dass ein Sinn hinter allem steckt, der nur noch nicht sichtbar ist, dann können wir uns unseren Ängsten immer öfter stellen und Situationen, andere Menschen und uns selbst so annehmen, wie sie bzw. wir gerade sind.

Krisen können uns zu uns selbst führen. Es ist Ihre Entscheidung, wie Sie mit einer Krise umgehen wollen. Veränderungen sind unumgänglich, nützlich und hilfreich, denn alles ist in ständiger Bewegung. Lernen wir, unsere Gefühle anzunehmen, anstatt gegen sie anzukämpfen, nimmt unsere Angst vor ihnen stetig ab.

Unser Leben ist einfach nicht voraussehbar und planbar. Wir müssen uns bewusst machen, dass plötzliche, ungewollte Veränderungen – manchmal sogar ein einziges Wort – ausreichen, um eine Flut von Gefühlen und Gedanken in uns hervorzurufen. Und auch ohne eine auslösende Situation sind immer Gefühle, Gedanken und Glaubenssätze in uns vorhanden, die uns begleiten. Sie beeinflussen unser Verhalten und unsere Beziehungen in allen Bereichen unseres Lebens, und zwar so lange, bis wir sie uns vor Augen halten und bewusst in uns wahrnehmen. Deshalb ist es wichtig, einen neuen Umgang mit ihnen zu erlernen.

Ich bin überzeugt, dass durch das Aufspüren von belastenden Gefühlen jeder von uns herausfinden wird: Alles, was wir immer gesucht haben, liegt in uns selbst und ist nicht abhängig von einem anderen Menschen oder irgendwelchen materiellen Dingen. Alles, worum wir jemals andere Personen beneidet haben, all die Fähigkeiten und Eigenschaften sind auch in uns zu finden. Richten wir unseren Fokus mehr auf uns selbst, lernen wir uns besser verstehen, dann können wir auch mit unserem Umfeld anders umgehen. Unser Ermittler unterstützt uns dabei, hilft uns, Herausforderungen anzunehmen und an uns selbst und unsere Fähigkeiten zu glauben. Wir können Geduld, Ausdauer, Mitgefühl, Vergebung und Liebe erlernen bzw. wieder zum Vorschein bringen und ausdehnen. Wir besitzen alles, was es braucht, um die Täter an unseren inneren Tatorten überführen zu können. Dabei lernen wir Puzzleteile zusammenzufügen und unsere innere Leere mit uns selbst zu füllen. Wir werden immer authentischer und befreiter.

Das Leben mit seinen Schattenseiten und seinem Glanz steckt voller Wunder und Überraschungen. Wir stecken voller Überraschungen, und es ist wunderbar, sich selbst immer wieder aufs Neue zu entdecken. Es bedarf viel Mut und Liebe für die Beobachtung und Annahme der eigenen Gedanken, Gefühle, Verhaltensweisen, aber erst dadurch entsteht ein Raum, der Veränderungen zulässt. Die Annahme unserer Gefühle öffnet unsere Augen, unser Herz, und wir erkennen, was Illusion und was Wirklichkeit ist. Das ist der Gewinn, unsere Belohnung für die Arbeit mit unserem inneren Ermittler, mit uns selbst. Lassen wir uns hingegen weiterhin von unseren Ängsten, unseren unangenehmen Gedanken leiten, dann werden wir immer auf der Suche und getrieben sein und ziellos umherirren.

Warum lassen wir zu, dass unsere Angst uns von unserem Glück, Erfolg und unserer Liebe fernhält? Wird es nicht Zeit, unseren eigenen inneren Tätern endlich entgegenzutreten und sie daran zu hindern, uns weiter Unwahrheiten über uns selbst zu erzählen? Oder wollen wir weiter jammern, unzufrieden sein und die Schuld immer bei unseren Partnern, Kindern, Freunden, Arbeitskollegen suchen? Wie sieht es aus: Sind Sie bereit, sich an die Fersen Ihrer inneren Täter zu heften, sie zu identifizieren und schließlich zu überführen?

In diesem Buch teile ich mit Ihnen meine Sicht auf das Leben, meine Erfahrungen und das, was ich daraus gelernt habe. Diverse Bücher, u. a. von Eva-Maria Zurhorst, sowie meine Ausbildungen zur psychologischen Beraterin, zur Lifedancing-Trainerin und die Frauenarbeit mit Chameli Ardagh haben mich dabei stark geprägt. Das Wahrnehmen, Beobachten und Annehmen der eigenen Gefühle, kurz gesagt, die Annahme seiner selbst, haben schon viele Autoren vor mir beschrieben. Auch, wie Gefühle und Gedanken in uns entstehen, wird seit längerem wissenschaftlich untersucht und einem breiten Publikum zugänglich gemacht. Auch ich greife auf diese Erkenntnisse zurück. Vielleicht fragen Sie sich jetzt, warum Sie dann mein Buch lesen sollten. Die Antwort: Ich habe versucht, alles, was ich bis zum heutigen Tag gelernt habe, was mir geholfen hat, was für mich wahr und stimmig ist, zusammenzufassen und daraus die Methode des inneren Ermittlers entwickelt. Diese Methode soll Ihnen helfen und Sie dabei unterstützen, das Beobachten und Annehmen der eigenen Innenwelt im Alltag spielerisch umzusetzen.

In den einzelnen Kapiteln dieses Buches möchte ich

Ihnen zeigen, wie unsere Gefühle, Gedanken und Verhaltensweisen unser Leben beeinflussen und wie Sie Ihren eigenen Ermittler kreieren und mit ihm zusammenarbeiten können. Wenn ich vom inneren Ermittler spreche, dann meine ich das geschlechtsneutral: Es kann sowohl ein männlicher als auch ein weiblicher Ermittler sein. Immer dort, wo ich Beispiele von mir selbst gebe, werde ich von der inneren Ermittlerin sprechen, da ich mir eine Frau »gewählt« habe.

In den einzelnen Kapiteln werden Sie Übungen finden. Sie sollen Sie dazu anregen, ein tieferes Verständnis und eine liebevolle Annahme Ihrer selbst zu entwickeln. Manches muss man einfach öfters hören, um es auch mit dem Herzen verstehen und umsetzen zu können. Die praktischen Übungen sollen Sie dabei unterstützen, Ihre Gefühle auch in angespannten Situationen wahrnehmen und annehmen zu können. Sie werden Ihren inneren Ermittler kennenlernen und mit ihm Einsätze fahren, um so Ihre Gefühle, Gedanken und Bedürfnisse bewusst wahrzunehmen, ihnen Raum zu geben und sie zu verändern. Alle Übungen in diesem Buch können Sie jederzeit wiederholen. Lassen Sie sich ruhig Zeit beim Üben und Ausprobieren. Es gibt kein Richtig und Falsch, Sie bestimmen das Tempo Ihres Ermittlers.

Ich wünsche Ihnen Freude beim Ausprobieren, »Aha«-Erlebnisse und viel Liebe und Geduld mit sich selbst. Sie sind nicht allein auf diesem Weg. Ich gehe diesen Weg tagtäglich, und wenn ich hinfalle, dann stehe ich wieder auf, klopfe mir den Dreck von der Kleidung, verarzte meine Wunden und setze wieder einen Fuß vor den anderen. Sie können das auch, davon bin ich überzeugt.

In diesem Sinne – kann es losgehen? Dann lassen Sie uns beginnen und lernen Sie zuallererst Ihre eigenen inneren Täter kennen.

Kapitel 1
Was Sie über Täter, Tatorte und Spuren wissen sollten

Was sind überhaupt Täter?

Nach der allgemeinen Definition, die auch im Duden oder bei Wikipedia zu finden ist, ist ein Täter schlicht eine Person, die etwas getan hat.[1] Natürlich schwingen über diese rein wörtliche Bedeutung hinaus aber im Wort »Täter« jede Menge negativer Assoziationen mit. Bei der Polizei ist ein Täter, eine Täterin eine Person, deren Handlung gegen mindestens eine Rechtsnorm verstoßen hat. Der Täter hat also etwas getan, was man nicht hätte tun dürfen, und hat somit gegen ein Gesetz verstoßen. Kann man ihm die Tat nachweisen, dann ist er überführt und zu verurteilen bzw. zu bestrafen. Schlägt jemand einem anderen beispielsweise mit der Faust ins Gesicht, so verletzt er die körperliche Unversehrtheit bzw. das körperliche Wohlbefinden der anderen Person. Dies stellt nicht

---

[1] Wikipedia: Täter, http://www.de.wikipedia.org/wiki/Täter (eingesehen am 02.05.2013)

nur eine Straftat nach dem Strafgesetzbuch dar, sondern bewirkt beim Opfer Schmerz, und zwar körperlicher und seelischer Art. Aus diesem Grund wollen wir auch, dass der Täter zur Rechenschaft gezogen wird. Als Polizeibeamtin habe ich mit Tätern wie Mördern, Vergewaltigern, Einbrechern und vielen mehr zu tun.

Erleiden wir Schmerz oder Schaden durch äußere Umstände, die nicht durch einen anderen Menschen herbeigeführt wurden, liegt keine Straftat vor. Es gibt keinen Täter nach der obigen Definition. Rennt also ein Wildschwein über die Straße und verursacht einen Schaden am Pkw und vielleicht noch an den Fahrzeuginsassen, dann gibt es keine Person, die wir dafür bestrafen können. Genauso verhält es sich bei Sturm-, Gewitter- und anderen Unwetterschäden. Diese Naturgewalten entstammen einer höheren Macht, und wen sollten wir in solchen Momenten zur Rechenschaft ziehen – Gott? Da wir Menschen dazu neigen, für alles in unserem Leben einen Grund zu suchen, fühlen sich für uns auch solche Situationen wie etwas an, das in irgendeiner Weise wiedergutgemacht werden muss.

Fühlen wir uns also in unserem Leben verraten, betrogen, ungerecht behandelt, leiden wir oder haben Schmerzen, dann sucht unser Verstand immer nach einem Schuldigen, nach einem Verursacher für unser Leid – egal, ob es sich dabei um eine reale Person, eine Sache oder eine Situation handelt. Dieser Schuldige wird immer im Außen gesucht. Auf diese Weise lenken wir uns von dem Schmerz ab, den wir empfinden. Bei der Auswahl des Sündenbocks sind wir nicht zimperlich. Wir nehmen meist die einfachste Variante, nämlich die, die auf der Hand zu liegen scheint. »Schuld« ist dann oft die Person, die wir spontan mit dem in uns wahrgenommenen Gefühl in Verbindung bringen. In Spielfilmen ist oft der Gärtner, der Geliebte oder der Lebensgefährte der Täter. In unserem Alltag glauben wir in unseren Partnern, Kindern, Kollegen die Täter zu erkennen.

An unseren inneren Tatorten gibt es nicht den Täter im klassischen Sinne. Dort ist der Täter keine reale, natürliche Person, die uns gegenübersteht und deren Handlung ein Gefühl in uns ausgelöst hat.

Natürlich gibt es reale Personen, die Gewalt anwenden und Straftaten begehen oder dies in der Kindheit getan haben. Diese Täter haben durch ihr Handeln Leid und Schmerz verursacht, aber um sie geht es in diesem Buch nicht. Allerdings haben wir in unserer Kindheit alle irgendwann einmal schmerzhafte Erfahrungen gemacht, die durch äußere Umstände oder andere Personen bedingt waren. Und auch wenn an uns keine Straftat nach dem Strafgesetzbuch verübt wurde, haben diese äußeren Erlebnisse in uns innere Täter entstehen lassen, denen wir uns möglicherweise bis heute nicht bewusst gestellt haben. Und so ziehen wir im Außen immer wieder Situationen und Personen an, die unsere inneren Täter zum Vorschein bringen.

Meiner Ansicht nach spiegelt uns das Außen nur unsere innere Welt wider. Ich bin überzeugt, dass uns jemand im Außen nur deshalb Schmerzen zufügen kann, weil es in uns einen Ort gibt, an dem wir uns selbst Schmerzen zufügen oder glauben, es nicht besser zu verdienen. Wir erlauben jemandem im Außen, unsere Grenzen zu überschreiten, weil wir nicht den Mut finden, diese Grenzen deutlich zu zeigen. Es ist unglaublich schmerzhaft, dies zu erkennen, zu fühlen und uns dafür nicht zu verurteilen. Wir fühlen uns vielleicht zu schwach oder zu hilflos, anderen Grenzen zu setzen, und wissen vielleicht auch nicht, wie das geht. Das soll keine Schuldzuweisung an uns selbst sein, und es rechtfertigt auch keine Verletzung unserer Grenzen durch andere Personen. Aber je mehr wir uns unseren eigenen, inneren Tätern stellen, umso weniger Täter werden im Außen in unser Leben treten. Möglicherweise spüren Sie bei dieser Aussage inneren Widerstand. Das ist völlig in Ordnung. Lassen Sie Ihren Widerstand Widerstand sein und sich davon überraschen, was mit ihm im Laufe des Buches passieren wird.

Wir werden es auf den ersten Blick mit sehr vielen verschiedenen Tätern zu tun bekommen. Je tiefer wir ermitteln, umso mehr wird ein einziger Tätertypus zum Vorschein kommen. Wir werden dabei ein ums andere Mal schmerzhaft feststellen müssen, dass wir mit diesem Täter auch noch unbewusst zusammenarbeiten. Sei es, dass wir ihn unterstützen und ihm dabei helfen, uns Schmerzen zuzufügen, oder sei es, dass wir anderen

Schmerzen zufügen und sie einladen, genauso mit uns umzugehen. Dabei hat dieser innere Täter keine böse oder schlechte Absicht, wenn wir uns selbst Leid zufügen. Er handelt in der naiven Hoffnung, uns auf diese Weise vor weiteren Verletzungen schützen zu können. Ist das nicht paradox? Wurde uns das Herz von unserem Partner gebrochen, dann halten sich einige von uns vor weiteren Partnerschaften fern, damit uns nicht noch einmal jemand verlassen und uns das Herz brechen kann. Dass wir uns damit selber das Herz brechen und uns Liebe und Zuneigung verweigern, erkennen wir oftmals nicht. Oder aber wir lassen zu, dass uns jemand Schmerz zufügt, und verweigern uns selbst Hilfe und Unterstützung und ertragen lieber den Schmerz.

In allen Situationen, in denen wir nicht gut mit uns selbst umgehen oder zulassen, dass andere uns schlecht behandeln, hat unser innerer Täter seine Hand im Spiel. Aber wer ist denn nun dieser mysteriöse Täter, der so viel Macht über uns zu haben scheint, dass wir glauben, ihm hilflos ausgeliefert zu sein?

Lassen Sie mich Ihnen den Täter aller Täter namentlich vorstellen. Der Täter, der hinter all dem steckt, gehört zu einem unserer vier Grundgefühle. Es ist nicht die Freude, nicht die Liebe und auch nicht der Hass. Auch unter dem Hass ist meiner Meinung nach dieser eigentliche Täter anzutreffen. Es ist *unsere Angst*.

Die Angst ist ein vielbeschriebener Täter, dem u. a. schon Sigmund Freud und Siegbert A. Warwitz auf die

Schliche gekommen sind. Sie haben sich mit den Ursachen der Angst und den verschiedenen Formen des Angstverhaltens[2] beschäftigt. Dieser Täter ist also kein Unbekannter, und auch sein Vorgehen ist bekannt. Dennoch kann er immer wieder in uns allen unerkannt aktiv werden und uns in die Irre führen. Dies hat damit zu tun, dass wir uns oft mit unseren Gefühlen und Gedanken identifizieren und dabei übersehen, was uns wirklich ausmacht, wer wir wirklich sind. Wir personalisieren dann unsere Angst und identifizieren uns mit ihr und ihren verschiedenen Ausprägungen, wie etwa der Angst vor dem Unbekannten, der Angst vor dem Alleinsein, der Angst vor Vereinnahmung, der Angst vor dem Versagen etc. Wir lassen die Angst dadurch einen immens großen Raum einnehmen, so dass alles andere um uns herum in den Hintergrund tritt. Da dies aber wiederum mit viel Schmerz verbunden ist, versuchen wir in diesen Momenten meist, uns selbst und andere zu kontrollieren, um die Angst nicht fühlen zu müssen. Zu bedrohlich ist die Angst, als dass wir uns ihr stellen wollen. Alle Gefühle, die uns belasten, bedrohlich und besorgniserregend erscheinen, versuchen wir zu verdrängen. Wir flüchten vor ihnen oder kämpfen gegen sie an. Diese Schutzmechanismen mögen uns als Kind geholfen haben, bestimmte Situationen zu überstehen, aber jetzt, wo wir Erwachsene

---

[2] Reichel, Bianca (2000): Angst in der psychoanalytischen Betrachtung Sigmund Freuds. München, GRIN Verlag GmbH, 2000 (http://www.hausarbeiten.de/faecher/vorschau/97166.html)

sind, entfernen sie uns immer mehr von uns selbst. Das Nicht-Fühlen der verdrängten Gefühle führt nicht zu der erhofften inneren Ruhe. Das ist ja auch verständlich, denn wir unterdrücken immerhin einen Teil von uns selbst. Wir unterdrücken Gefühle, die gespürt, gelebt werden wollen. Dadurch nähren wir unsere Angst nur noch mehr und geben ihr mehr und mehr Kontrolle über uns.

Unsere unterschiedlichen Ängste sind nicht immer eindeutig als Angst zu erkennen. Angst verbirgt sich häufig hinter Gefühlen von Wut, Verzweiflung, Hilflosigkeit, Scham und vielen weiteren Empfindungen. Indem wir unsere Angst behandeln, also, ob sie eine eigene Persönlichkeit hätte, geben wir ihr Macht und Einfluss – und zwar über uns selbst und unser Leben. Wir fühlen uns der Angst dann hilflos ausgeliefert und empfinden uns selbst als Opfer unserer Gefühle, die uns kontrollieren. Das erzeugt weitere Angst. Alle unsere Ängste verunsichern unsere Gefühlswelt, also unser Innenleben, und haben Einfluss auf unser Denken, Handeln und Fühlen. Wir empfinden irgendwann unsere Angst nicht mehr als eine natürliche Schutzfunktion, die uns helfen soll, in Gefahrensituationen angemessen zu reagieren, sondern sehen sie als eine störende Belastung an.

Das Gefühl der Angst wird fast immer als negativ empfunden, als eine erdrückende, schlechte und unangenehme Belastung. Aber ob wir wollen oder nicht: Unsere Angst, unser Schmerz gehört zu unserem Leben mit dazu. Er ist ein Teil von uns. Ohne Schmerz und Angst könnten wir uns selbst nicht schützen, würden aus Situationen nicht lernen und könnten auch nicht den Unterschied zu Gefühlen von Freude, Mut etc. wahrnehmen. Wie sich unsere Ängste auf uns und unseren Körper sowie unser Verhalten auswirken können, darauf werde ich im nächsten Abschnitt eingehen.

Unsere Ängste hindern uns an unserer eigenen Entfaltung, an dem, was uns Freude bereitet und uns guttut. Wir selbst hindern uns an unserem Erfolg, unserem Reichtum, an unserem Glück und unserer Liebe. Was uns ausbremst, ist unsere Angst, uns wirklich auf uns selbst und das Leben mit all seinen Seiten einzulassen. Wir haben Angst, im Stich gelassen und nicht geliebt zu werden. Wir haben Angst, uns mit unseren Schattenseiten sowie unserem Licht zu zeigen, denn wir zweifeln daran, dass uns andere dann noch lieben könnten. Unsere Angst hat unser Leben fest im Griff. Wollen wir wirklich so leben oder wollen wir es wagen und endlich unser Leben selbst leben mit allem, was dazugehört? Wäre es nicht wunderbar, im Hier und Jetzt zu leben und uns nicht von den alten Geschichten zurückhalten zu lassen? Wird es nicht Zeit, die wahren Täter in uns aufzuspüren und dingfest zu machen?

Das aber gelingt uns nur, wenn wir unsere belastenden Gefühle zunächst wahrnehmen, dann annehmen, um Licht ins Chaos unserer Emotionen zu bringen. Wir geben ihnen dadurch Raum bzw. bringen Verständnis für sie und damit uns selbst auf und bewirken auf diese Weise Veränderung. Haben wir unsere Angst bzw. Ängste einmal in uns anerkannt und uns unsere Strategien im Umgang mit ihnen bewusst gemacht, dann bemerken wir immer öfter, wann unser innerer Täter seine Hand im Spiel hat und versucht, unser Leben zu beeinflussen. Stellen wir uns unseren Ängsten, werden wir oftmals feststellen, dass sie gar nicht so bedrohlich waren, wie wir angenommen hatten. Unsere Ängste werden immer weiter abnehmen, bzw. wir werden immer weniger Angst haben, uns ihnen zu stellen. Wir sind dem Täter dann dicht auf den Fersen.

> **Übung 1: Den Täter identifizieren**
> Für diese Übung nehmen Sie Papier und Stift zur Hand und lassen die folgenden Fragen zunächst auf sich wirken, bevor Sie sie für sich beantworten:
>
> - Wovor haben Sie Angst?
> - Was macht Ihnen Angst?
> - Hinter welchen Gefühlen können Sie Ihre Angst wahrnehmen?
> - Wie fühlt sich diese Angst in Ihnen an?
> - Welches Verhalten ruft diese Angst in Ihnen hervor?
>
> Beantworten Sie also für sich selbst und in aller Ruhe, wovor Sie Angst haben bzw. was Ihnen Angst macht.

Überlegen Sie sich, hinter welchen Gefühlen Sie Ihre Angst wahrnehmen können.

Spüren Sie in sich, wie sich diese Angst anfühlt.

Indem Sie sich damit gedanklich und in schriftlicher Form auseinandersetzen, wird Ihnen vielleicht auch schon bewusst, welches Verhalten die Angst in Ihnen hervorruft.

Nehmen Sie sich für diese erste Übung so viel Zeit, wie Sie wollen. Wichtig ist, dass Sie ungestört und in Ruhe die Fragen auf sich wirken lassen können. Suchen Sie sich dazu einen Platz, an dem Sie Zeit haben, sich Notizen zu machen. Schreiben Sie alles auf, was Ihnen einfällt – ganz egal, ob es auf den ersten Blick einen Sinn für Sie macht oder nicht.

Es kann passieren, dass Sie anfangs Ihre Angst nicht in Worte fassen können oder den Eindruck gewinnen, einfach vor allem Angst zu haben. Vielleicht finden Sie zunächst auch nicht auf alle Fragen eine Antwort. Das ist weder ein Problem noch ungewöhnlich und ändert nichts an der Wirkung der Übung. Allein, dass Sie sich mit der Frage auseinandersetzen, löst einen Prozess aus, der mehr bewirkt, als Sie sich jetzt vielleicht vorstellen können.

Manchmal finden Sie die Antwort auf eine der

> Fragen ganz unerwartet und in einem überraschenden Moment. Sie brauchen sich nicht unter Druck zu setzen und nichts zu erzwingen. Warten Sie einfach ab, was an die Oberfläche kommt, und lassen Sie sich davon überraschen.

Wie wirken sich belastende Gefühle aus?

Alle Menschen können fühlen. Das ist uns angeboren und kann auch nicht verlernt werden. Hingegen haben wir meist nie gelernt, mit unseren Gefühlen und Gedanken umzugehen – dabei ist es so wichtig. Anstelle eines hilfreichen Umgangs mit unseren Gefühlen haben wir im Laufe unseres Lebens verschiedene Strategien entwickelt, um unsere Gefühle nicht fühlen zu müssen. Bei belastenden Gefühlen ergreifen wir entweder die Flucht oder gehen zum Angriff über. Dieses Fight-or-Flight-Verhalten hat Walter Bradford Cannon bereits 1915 bei Tieren beobachtet, die sich in Gefahrensituationen befanden. Er hat ausführlich beschrieben, wie sich Stress bei Lebewesen körperlich ausdrückt. Es zeigte sich, dass seine Beobachtungen auf den Menschen übertragen werden konnten. Sigmund Freud, Erich Fromm, Albert Bandura, um nur einige zu nennen, haben die Auswirkungen von Angst bzw. Stress auf den Menschen und seine Strategien im Umgang damit ausführlich beschrieben. Ihre Erkenntnisse bilden die Grundlage dieses Buches.

Flucht oder Angriff also: Entweder versuchen wir vor den belastenden Gefühlen davonzulaufen und vermeiden es, die Angst zu empfinden, oder aber wir lassen uns von unseren Gefühlen überwältigen, fühlen uns ihnen und den daran beteiligten Personen hilflos ausgeliefert und kämpfen gegen unsere Gefühle an, was sich dann in Aggressionen und Wut widerspiegelt, die meist an unserem Gegenüber ausgelassen werden. Egal, für welche Strategie wir uns auch entscheiden, keine führt uns zu innerer Freiheit, weil wir unsere Gefühle und Gedanken nicht wirklich fühlen. Beide Strategien sind lediglich Abwehrmechanismen, die Widerstände in uns erzeugen und die Angst nicht verändern, sondern verstärken. Da wir unsere Gedanken schon gedacht und unsere Gefühle zumindest momentweise bereits gefühlt haben, machen diese Strategien auch nicht wirklich Sinn. Die unerwünschten Gefühle sind in uns und verschwinden nicht. Sie wollen wahrgenommen und empfunden werden.

Das Gefühl der Angst hat eigentlich eine sehr sinnvolle Aufgabe, nämlich uns vor Gefahren zu schützen, so dass wir instinktiv und angemessen auf bedrohliche Situationen reagieren können. Diese überaus wichtige Schutzfunktion ist aber nur dann wirksam, wenn wir nicht zu viel und nicht zu wenig Angst haben. Haben wir nämlich zu viel Angst, sind wir in unserem Verhalten stark eingeschränkt – das kann sich dann anfühlen, als ob man innerlich erstarrt wäre. Man kann in diesem Zustand keinen klaren Gedanken mehr fassen. Haben wir hingegen zu wenig Angst, nehmen wir bestehende Gefahren nicht angemessen wahr, gehen hohe Risiken ein und setzen dabei unsere Gesundheit oder gar unser Leben aufs Spiel.

Entsteht eine unangenehme Situation oder stellen wir uns eine beängstigende Situation vor, sind immer unsere

Gedanken im Spiel. Diese Gedanken rufen ein oder mehrere Gefühle in uns hervor. Dieser aktive, meist schnell und unbewusst ablaufende Prozess beeinflusst unsere Sicht auf die betreffende Situation und bewirkt zusätzlich eine körperliche Reaktion. Daraus resultieren weitere Gedanken, das Gefühl wird intensiver, die Körperempfindung stärker, und schließlich entsteht aus alledem ein Verhalten, das aktiv oder passiv sein kann. Dabei kreisen unsere Gedanken entweder um mehrere Themen gleichzeitig, oder wir zerbrechen uns sprichwörtlich den Kopf über ein ganz spezielles Problem, ohne dabei zu einer Lösung zu kommen.

Gerade in Krisen-, Stress- oder Konfliktsituationen scheinen unsere Gedanken ein Eigenleben zu führen und gar nicht mehr zur Ruhe zu kommen. Wir steigern uns richtiggehend in unsere Gedankenwelt hinein. Dieses Grübeln oder auch Gedankenkarussell ist extrem belastend, kräftezehrend und geht mit beängstigenden Gefühlen und körperlichen Beschwerden einher. Das Grübeln raubt uns den Schlaf und unsere Zeit. Darunter leidet dann unsere Konzentration und im schlimmsten Fall sogar unsere Gesundheit. Dabei bemerken wir nicht einmal, dass wir den Wald vor lauter Bäumen nicht mehr sehen. Wir verlieren uns in unseren Gedanken, die allzu oft planlos, quälend und schmerzhaft sind, und verlieren den Kontakt zur tatsächlichen Situation, zum jetzigen Moment. Unser eingeschränktes Denken hindert uns daran, eine vor uns liegende, einfache Lösung zu erkennen. In diesem Drama mit unterschiedlich vielen Akten sind wir Schauspieler, Regisseur und Drehbuchautor unseres eigenen Kriminalfalls.

Um Gefühle und Glaubenssätze – also Annahmen über uns selbst, über andere und das Leben, die wir für unumstößlich richtig halten – nicht als unsere eigenen wahrnehmen zu müssen, projizieren wir sie gern auch auf andere Personen. Das, was uns an uns selbst stört, wir aber nicht wahrnehmen wollen oder können, oder ein Verhalten, welches wir uns selbst nicht eingestehen, sehen wir deutlich bei anderen und verurteilen es meist. Der andere ist dann zu unordentlich, zu vorlaut, vergesslich, hat uns provoziert oder verletzt. Diese im Außen gesuchten »Täter« besitzen also Eigenschaften, die wir an uns selbst nicht mögen bzw. verleugnen oder uns selbst nicht erlauben und zugestehen. Oftmals verhalten sie sich dann auch noch anders, als wir es von ihnen verlangen bzw. als es unserer Meinung nach angemessen und richtig wäre. Sie erfüllen dann nicht unsere Erwartungen und Ansprüche.

Wir verkennen bei alledem, dass diese Personen nur etwas in uns hervorrufen, das schon vorher da gewesen ist – sonst würde ihr Verhalten uns nicht weiter berühren. Sie halten uns förmlich einen Spiegel vor und lösen lediglich ein Gefühl in uns aus bzw. verstärken es, so dass es für uns wahrnehmbar wird. Sie sind aber nicht der Ursprung unseres Gefühls, sondern lediglich der Auslöser, der etwas Altes in uns aktiviert und endlich an die Oberfläche bringt. Indem wir aber anderen die Schuld dafür geben, dass wir uns schlecht fühlen oder ärgern, brauchen wir uns nicht weiter mit dem in uns hervorgerufenen Gefühl zu beschäftigen, sondern können unsere Aufmerksamkeit nach außen, auf die andere Person, richten. Wir glauben dann, im Recht zu sein. Wir bilden uns ein, dass wir nichts dafürkönnen, dass es uns schlecht geht; schließlich sind nur die anderen schuld an unseren Gefühlen von Wut, Hilflosigkeit und Angst.

Es erscheint uns leichter, unsere Verantwortung abzugeben und uns als Opfer der anderen zu fühlen. So haben wir immer einen Schuldigen, einen Täter parat, wenn etwas nicht so läuft, wie wir es uns vorgestellt haben. Wir reden uns ein, dass nicht wir etwas verändern müssen, sondern die anderen sich zu verändern haben. Damit geben wir die Kontrolle über unser Leben aus der Hand. Wir machen uns abhängig von anderen und deren Verhalten.

Oder aber wir übernehmen für andere die Verantwortung und machen uns deren Probleme und Sorgen zu eigen, weil wir uns einreden, dass ohne unsere Hilfe alles zusammenbrechen würde. Wir versuchen, die Last der anderen zu tragen, opfern uns auf und vergessen dabei, Verantwortung für uns selbst zu übernehmen. Das erwarten wir dann wiederum von anderen.

Unabhängig davon, in welcher Form sich unsere Erwartungen äußern, sie erzeugen Schmerz und Leid in uns. Unsere unbewussten Erwartungen können nie wirklich von jemand anderem erfüllt werden. Sie trüben unsere Sicht auf die Wahrheit, weil sie unsere natürliche Verbindung zu uns selbst und unseren Bedürfnissen und Wünschen unterbrechen. Wir nehmen uns selbst nicht mehr wirklich wahr.

Körperlich können wir belastende Gefühle durch körperliche Beschwerden wie Verspannungen oder Lähmungserscheinungen wahrnehmen. Sie können u. a. Antriebslosigkeit und innere Unruhe hervorrufen. Im schlimmsten Fall können belastende Gefühle auch zu Krankheiten wie etwa Panikattacken, Phobien, Depressionen, Burn-out oder sogar zum Suizid führen.

Unsere Gefühle sind untrennbar mit unserem Körper verbunden. Das, was wir fühlen, spiegelt sich meist unbewusst in unserer Körpersprache wider. Es heißt nicht umsonst, dass unsere Augen ein Abbild unserer Seele sind. Auch anhand unseres Gesichtsausdrucks und unserer Körperhaltung lassen sich oft unsere Gefühle ablesen. Empfinden wir beispielsweise Scham, dann befindet sich unser Körper in einer Art Schockzustand. Wir haben dann oft die Verbindung zu Teilen unseres Körpers oder gar zu unserem gesamten Körper verloren. Wir können uns plötzlich nicht mehr spüren. Wir sind erstarrt bzw. versteinert, was vermutlich damit zusammenhängt, dass in diesen Momenten unser Körper nicht mehr durchgängig mit Blut versorgt werden kann.

Freuen wir uns hingegen, dann wirken wir entspannt, was sich in der Lebendigkeit und Beweglichkeit unseres

Körpers widerspiegelt. Bei Angst wiederum wirkt unser gesamter Körper völlig angespannt und verkrampft. Dann schlägt unser Herz plötzlich schneller, unsere Atmung wird flacher, und unser Blutdruck steigt. Einige von uns fangen an, schneller zu reden oder geraten gar ins Stottern. Andere wiederum schwitzen oder zittern, wenn sie Angst haben. Der gesamte Körper, besonders unser Kiefer, scheint unter großer Anspannung zu stehen, so als ob sich alles in uns zusammengezogen hätte. Auch Schwindel und Übelkeit können auftreten.

Unsere Aufmerksamkeit richtet sich meist auf die körperlichen Beschwerden, so dass wir dem zugrunde liegenden Gefühl gar keine Bedeutung schenken bzw. es erneut in den Hintergrund drängen. Das Gefühl ist einfach nicht greifbar, nicht sichtbar für uns, deshalb wirkt es vielleicht auch nicht real oder zu erschreckend. Das körperliche Symptom dagegen können wir deutlich beschreiben; es ist greifbarer. Einige körperliche Symptome können wir mit Röntgenbildern oder anderen Diagnoseverfahren sichtbar machen, Gefühle nicht. Manchmal versuchen wir auch noch, die körperlichen Beschwerden zu ignorieren, bis es nicht mehr geht. Dabei zeigen sie uns den Weg zum Gefühl und letztendlich zu uns selbst. Die Orte in uns, an denen wir einige körperliche Symptome wahrnehmen können, bezeichne ich als innere Tatorte. Auf diese Orte werde ich später noch genauer eingehen.

Der Polizeiberuf hat mit den dunkelsten Seiten und den größten Ängsten von Menschen zu tun. Seit ich 1999 bei der Berliner Polizei angefangen habe, habe ich Menschen getroffen, die andere getötet, vergewaltigt, geschlagen oder beraubt haben. Ich habe die unterschiedlichsten Verhaltensweisen von Betroffenen dieser Straftaten im Umgang mit belastenden Gefühlen kennengelernt. Gleichzeitig habe ich feststellen müssen, dass diese Ereignisse auch an meinen Kollegen und mir nicht spurlos vorübergegangen sind.

In meiner Ausbildung habe ich zwar gelernt, auf welche Weise ich in bestimmten Situationen eingreifen darf und wie ich an einem Tatort vorgehen muss; ich habe aber nicht wirklich den Umgang mit belastenden Situationen und Gefühlen gelernt. Gefühle scheinen in meinem Beruf nicht erwünscht zu sein. Wir sollen zwar alles können, aber bitte ohne Gefühle zu zeigen. Weint dann mal ein Kollege oder wird aggressiv, dann steht die Frage im Raum, ob er oder sie den beruflichen Anforderungen noch gewachsen ist. Deshalb versuchen meiner Meinung nach viele Kollegen, ihre Gefühle zu unterdrücken bzw. ihre Ängste anderweitig zu kompensieren, bis es irgendwann nicht mehr geht.

Natürlich ist ein Gefühlsausbruch für einen Polizeibeamten nicht angebracht, aber oftmals wird vergessen – auch von uns selbst –, dass wir immer noch Menschen mit Gefühlen sind und keine emotionslosen Maschinen. Wir Polizeibeamte sind ein Abbild der Gesellschaft, auch bei uns gibt es alles, was wir verfolgen, und gerade aus diesem Grund müssten wir in unserer Ausbildung lernen, wie Gefühle sich anfühlen, woher sie kommen und wie wir uns bei bestimmten Gefühlen verhalten können. Lernen wir uns und unsere Gefühle nicht kennen und verstehen, dann reagieren wir in manchen Situationen vielleicht übertrieben hart, können keine Empathie entwickeln oder versuchen sie zu verdrängen. Egal, welche Strategie wir wählen, keine davon hilft uns, in unserem Beruf und unserem Leben zufrieden und glücklich zu sein.

Meine persönliche Strategie war das Verdrängen meiner Gefühle. Ich hatte Einsätze in Wohnungen, in denen man vor lauter Müll nicht laufen konnte. Da raschelte es unter unseren Füßen, und das Essen hatte manches Mal schon Beine und trug einen Pelzmantel. Ich habe mich jedes Mal gefragt, wie man so leben kann, und empfand großes Mitgefühl mit den Betroffenen und ihrer Situation. An anderen Tatorten lag Kot herum, es roch nach Erbrochenem, und es war jede Menge Blut vorhanden. Manches Mal lagen Menschen wochenlang leblos in ihren Wohnungen, und niemandem war es aufgefallen, bzw. keiner schien sie vermisst zu haben. Ich habe Männer und Frauen vernommen, die vergewaltigt wurden und deren Erlebnisse ich mir in meinen schlimmsten Fantasien nicht hätte ausdenken können. Wir sind zu Selbsttötungen gerufen worden, an Orte, an denen sich Menschen vor die Bahn geworfen hatten oder an denen sie sich mit Schusswaffen oder Bohrmaschinen das Leben genommen hatten, und vieles, vieles mehr. Das bloße

Wahrnehmen dieser Orte ist eine Sache, aber das Anfassen, das Aufsammeln von Leichenteilen, das Riechen von getrocknetem Blut oder Verwesung, das Fühlen der unterschiedlichsten Emotionen unseres Gegenübers ist nicht mit Worten zu beschreiben.

Solche Erfahrungen haben mich innerlich aufgewühlt und nervös gemacht. Lange Zeit kam ich jedoch nicht auf die Idee, mir das selbst einzugestehen. Zum einen glaubte ich, dass es nur mir so gehen würde, und zum anderen befürchtete ich, dass ich meine Gefühle gar nicht aushalten könnte, wenn ich sie zuließe. Ich empfand es als Schwäche, so zu empfinden, wie ich empfand. Meine Verdrängungsstrategie führte dazu, dass ich meine Angst auf anderen Wegen kompensieren musste, um sie nicht zu fühlen. Ich naschte viele Süßigkeiten, nahm neun Kilo zu und ging sehr oft zum Arzt. Ich fühlte mich krank und hatte schreckliche Angst, die Krankheiten zu bekommen, an denen die Toten, die ich beruflich zu sehen bekam, gestorben waren. Das war nicht nur anstrengend und belastend für mich, sondern führte auch dazu, dass ich eine Zeit lang davon überzeugt war, dass das Leben eigentlich nur dunkel und schlecht ist. Mein Fokus war irgendwann so sehr auf menschliche Verfehlungen gerichtet, dass ich anfing, in allen Menschen die dunklen Seiten zu suchen und schließlich auch zu finden. Ich begann meinen Freunden, meiner Familie, meinen Kollegen zu misstrauen. Ich habe irgendwie unbewusst immer darauf gewartet, dass sie irgendetwas machten, was meine Erwartungen bestätigte. Und ich hatte große Angst vor meinen eigenen dunklen Seiten. Aus meiner positiven Einstellung zum Leben war auf einmal ein »Die Welt ist schlecht«-Gefühl geworden. Irgendwann glaubte ich nicht mehr daran, im Leben etwas Positives zu verdienen. Wie konnte auch das Leben wirklich schön und angenehm sein, wenn so viel Schlechtes in der Welt und um mich herum passierte?

Erst als meine Ehe auseinanderging und mein Leben in Scherben vor mir zu liegen schien, begann ich zum ersten Mal bewusst mein Leben, mich selbst und meine innere Welt zu betrachten. Meine Krise schenkte mir Mut, diesen Weg zu gehen. Vielleicht hatte ich auch das Gefühl, nichts mehr verlieren zu können, oder es war der unbändige Wunsch, etwas in meinem Leben zu verändern, um nicht innerlich zu sterben. Mit Hilfe unterschiedlichster Übungen (mentaler, emotionaler und körperlicher Art), die ich etliche Male wiederholte, begann ich meine Gedanken, Gefühle und Verhaltensweisen immer besser zu verstehen und mich so anzunehmen, wie ich war und bin. Ich fand auch den Mut, mein Berufsgebiet zu verändern, und entschloss mich nach sechs Jahren im Schichtdienst, bei der polizeilichen Sofortbearbeitung aufzuhören und an die Landespolizeischule zu wechseln. Meinen Auszubildenden vermittle ich nicht nur die Inhalte des Strafrechts, ich versuche ihnen auch Wichtiges im Umgang mit belastenden Gefühlen und Situationen beizubringen. Ich hoffe, dass sie dadurch einiges für sich lernen und die belastenden Erfahrungen, die der Polizeiberuf mit sich bringt, nicht in diversen Abhängigkeiten ersticken oder an Depressionen erkranken.

Belastende Gefühle, also unsere Ängste, sind keine bösen Schurken, die sich vermummen und schwarz kleiden, damit man sie später nicht identifizieren kann. Sie fügen uns auch nicht absichtlich Schmerzen zu, auch wenn wir unsere Ängste oftmals als dunkle Schatten unseres Lebens betrachten und glauben, dass ein Leben ohne sie der Weg zum Glück sei. Unsere inneren Täter wollen eigentlich das genaue Gegenteil bezwecken. Sie möchten uns nicht schaden, sondern schützen. Unsere Angst traut uns nicht zu, dass wir bestimmte Situationen und Gefühle aushalten und meistern können. Da unsere Angst nicht mit uns erwachsen geworden ist, kennt sie nur den kindlichen, alten Umgang mit diesen Situationen. Sie hat gewissermaßen einen Tunnelblick und kann sich andere Wege im Umgang mit Unangenehmem gar nicht ausmalen. Schenken wir unseren Gefühlen also keine Aufmerksamkeit, dann entsteht ein Ungleichgewicht in unserer Seele, unserem Körper und unserem Geist, die eine untrennbare Einheit darstellen. Da unsere äußere Welt lediglich ein Abbild unseres Inneren ist, spiegelt sich dieses Ungleichgewicht in uns dann auch in unserem Beruf oder unseren Beziehungen oder unserer Gesundheit wider. Belastende Gefühle hindern uns letztlich daran, frei zu sein und uns zu entfalten.

Darum ist es so wichtig, die Entstehung von Gefühlen,

Gedanken und Verhaltensmustern zu verstehen. Die Bewusstmachung dessen, was wir zu sein glauben und wirklich sind, hilft uns zu verstehen, wie unser Selbstbild entstanden ist. Sie hilft uns auch, mit der Vergangenheit und den daran beteiligten Personen Frieden zu schließen und uns wirklich auf uns selbst einzulassen – ohne Begrenzungen. Dadurch erst können wir ein entspanntes, weniger verstricktes Leben führen und Mitgefühl für uns selbst und andere entwickeln.

Ich bin überzeugt, dass wir alle immer versuchen, unser Bestes zu geben. Durch unsere Beobachtungen, unsere Lernfähigkeit und unsere Erfahrungen entstehen Erwartungen, Blockaden bzw. Widerstände in uns, und daraus resultieren Denk- und Verhaltensmuster, die uns vor Schmerz und Leid beschützen wollen. Diese Abwehrstrategien haben wir bereits im Kindesalter entwickelt. Damals waren sie lebensnotwendig, weil wir keine andere Möglichkeit hatten, mit unseren Gefühlen umzugehen. Heute gibt es viele neue, hilfreiche Wege, uns mit Situationen und Gefühlen auseinanderzusetzen. Dazu müssen wir uns jedoch erst einmal unsere Strategien, unsere Gedanken, unser Verhalten und unsere Gefühle bewusst machen und einen Einblick in das bekommen, was wirklich real ist und nicht einfach nur Ausdruck unserer Denkmuster.

Unsere Angst zu unterdrücken lässt sie größer werden. Stellen wir uns unseren Ängsten hingegen bewusst, lernen wir sie anzunehmen, dann können wir unsere

Widerstände überwinden und an belastenden Gefühlen sogar wachsen. Denn die Angst ist lediglich ein Gefühl.

Wir können neue Möglichkeiten, einen anderen Umgang mit belastenden Gefühlen erlernen. Um beispielsweise aus dem Grübeln herauszukommen, können Meditationen und die Bewusstmachung von Gefühlen hilfreich sein. Um mit unseren Ängsten anders umgehen zu können, müssen wir erst einmal verstehen, woher unsere belastenden Gefühle stammen, und dann benötigen wir jemanden, der uns hilft, unsere Gefühle mit einem gewissen Abstand zu betrachten. An dieser Stelle kommt unser innerer Ermittler ins Spiel. Er hilft uns, die Spur der Angst aufzunehmen und den Widerstand gegen das, was war, aufzugeben. Um unseren Ängsten entgegentreten zu können, benötigen wir Mut, Präsenz, Vertrauen, Liebe, Glaube und jede Menge Übung.

FAZIT: Belastende Gefühle, denen verschiedene Formen der Angst zugrunde liegen, beeinflussen uns in allen Lebenslagen und halten uns oft davon ab, mutig unser Leben zu leben. Da unsere Angst verschiedene Formen und Gestalten annehmen kann, ist sie uns in vielen Situationen gar nicht bewusst. Die Angst, nicht geliebt zu werden beispielsweise, ist eine der größten Ängste, die sich gern etwa als Wut oder Hilflosigkeit tarnt. Die Motivation dieses inneren Täters ist positiv: Er glaubt, dass wir das Gefühl, ungeliebt zu sein, nicht aushalten können, und so erzeugt er lieber ein anderes Gefühl – beispielsweise die Wut –, das dann nach außen gerichtet werden kann. Aber wir sind in der Lage, alle unsere Gefühle zu spüren. Je besser wir uns selbst kennenlernen, desto bewusster wird uns, dass die Angst nicht die Wahrheit sagt.

Machen wir uns bewusst, wie sich unsere unterschiedlichen Ängste anfühlen, körperlich ausdrücken und wie sie unser Denken und Handeln beeinflussen, können wir sie immer schneller entlarven. Dadurch verändert sich unser Leben, und wir werden uns selbst und anderen gegenüber offener. Wir sehen in uns und unserem Gegenüber nicht mehr nur das, was uns stört und wir vorher als schlecht empfunden haben, sondern bringen auch Mitgefühl, Liebe, Dankbarkeit für unsere Schmerzen und Ängste auf. Wir können uns so mit all unseren Seiten annehmen und uns selbst immer mehr das geben, was wir uns von anderen wünschen. Gleichzeitig erlauben wir auch anderen, so zu sein, wie sie sind. Durch die Annahme all unserer Gefühle, Gedanken und Verhaltensweisen wird unser Leben entspannter, und es fällt uns immer leichter, Veränderung in unser Leben zu bringen, wenn wir das möchten.

Die Angst wird nie ganz verschwinden und immer wieder an unseren inneren Tatorten aktiv werden. Aber mit der Zeit und einiger Übung erscheint sie uns nicht mehr so bedrohlich und nimmt mehr und mehr ab. Sich selbst zu vertrauen ist etwas, was wir Tag für Tag lernen müssen. Wir besitzen alle eine riesengroße Palette an Gefühlen, die sich ständig abwechseln, mal von jetzt auf gleich, mal halten sie länger an, aber sie sind fließend und bleiben nicht stehen. Angst, Schmerz und Wut gehören ebenso zum Leben dazu wie Freude, Liebe und Glück. So ist das Leben: voller Gefühle, Wunder und Herausforderungen. Dies zu wissen und zu akzeptieren erleichtert, befreit und verändert die Sicht auf das eigene Leben.

Der Ursprung unserer belastenden Gefühle und warum wir unbewusst an ihnen festhalten

Konflikte und Krisen erzeugen in uns in ein emotionales Durcheinander. Wir fühlen plötzlich so viel in uns so intensiv, dass wir meist gar nicht wissen, woher auf einmal alle diese Gefühle in uns kommen und wie wir mit ihnen umgehen sollen.

Meist teilen wir uns selbst und unsere Gefühle in solchen Situationen nicht mit, obwohl es viel zur Lösung von Problemen beitragen kann, wenn man die eigene Verletzlichkeit anspricht und offen zeigt. Unsere Gesellschaft legt, wie es scheint, keinen allzu großen Wert auf Gefühle. In zahlreichen Berufen, auch und gerade dem Polizeiberuf, gelten sie als unerwünscht bzw. fehl am Platz. Gefühle zu zeigen gilt als Zeichen mangelnder (Selbst-) Kontrolle und als Indiz für Schwäche bzw. Nichtbelastbarkeit. Dies kann dazu führen, dass Menschen sich für ihre Gefühle schämen und verurteilen.

Wir unterschätzen die Notwendigkeit und Kraft von Gefühlen. Wir übersehen, dass unsere Urteile, unsere Ideen, unsere Handlungen, einfach unsere gesamte Wahrnehmung, von unseren Gefühlen bestimmt und beeinflusst wird. Gefühle sind unendlich wichtig, weil sie uns motivieren, bestärken und wir aus ihnen lernen. Zudem schützen uns unsere Gefühle vor Gefahren. Gefühle bewirken wunderschöne, erfüllende Augenblicke und machen unser Leben lebendig, spannend und abwechslungsreich.

Die Gefühle selbst sind also nicht belastend, sondern unser Umgang mit ihnen. Aber wann empfinden wir etwas als belastend und wann als positive Herausforderung? Warum vermeiden manche von uns, ein Gefühl zu fühlen, und halten es lieber so lange zurück, bis sie sprichwörtlich platzen? Warum steigern wir uns manches Mal in das Gefühl der Angst hinein und werden handlungsunfähig, obwohl es objektiv gar keinen Grund dazu gibt? Warum glauben wir das, was uns das Gefühl bzw. unsere damit verbundenen Gedanken einzureden versuchen, und können nicht mehr zwischen Realität und Illusion unterscheiden?

Gefühle sind eng mit unserem Denken verbunden. Unser Denken ist meist in die Zukunft gerichtet oder befasst sich mit der Vergangenheit. In den seltensten Fällen richten sich unsere Gedanken wirklich auf den jetzigen Moment. Das ist an sich noch nicht schlecht: Wir brauchen zukunftsorientiertes Denken, um Ziele zu kreieren und zu verwirklichen. Wir müssen uns mit vergangenen Situationen auseinandersetzen, um aus ihnen lernen zu können. Problematisch wird es erst dann, wenn wir uns nicht mehr bewusst sind, dass wir uns gedanklich nur noch in der Vergangenheit oder in der Zukunft aufhalten. Denn dann läuft das gegenwärtige Leben an uns vorbei, weil wir uns mit Dingen beschäftigen, die wir nicht mehr ändern können bzw. die noch gar nicht eingetreten sind und vielleicht auch nie eintreten werden.

Unsere Gedanken, ob bewusst oder unbewusst, bewirken immer auch ein Verhalten, das sowohl aktiv als auch passiv sein kann und sich auf unser Umfeld auswirkt.

Stellen Sie sich vor, Sie stehen im Supermarkt an der Kasse und wollen Ihre Einkäufe bezahlen. Sie reichen der Kassiererin Geld, als plötzlich der junge Mann hinter Ihnen in die Kasse greift und sich mehrere Geldscheine rausnimmt. Wie reagieren Sie? Sind Sie erschrocken, erstarrt, oder rennen Sie dem Mann hinterher?

Ihr Verhalten ist abhängig davon, wie Sie bzw. Ihr Unterbewusstsein diese Situation und den jungen Mann bewerten. So kann bei Ihnen ein anderes Gefühl erzeugt werden als beispielsweise bei der Kassiererin, die vielleicht schon mehrere dieser Situationen erlebt hat.

Unser Denken, unser Umgang mit Gefühlen und unser Verhalten beruhen auf Erfahrungen, die wir in unserer Kindheit gemacht haben. Sie prägen unsere bewussten und unbewussten Überzeugungen über uns selbst, das Leben und andere Menschen. Diese Überzeugungen nennt man auch Glaubenssätze, und davon haben wir alle unendlich viele. Anhand unserer Glaubenssätze interpretieren und beurteilen wir Situationen, noch bevor sie tatsächlich eingetreten sind, und urteilen über Personen, ohne sie wirklich zu kennen.

Aber alles, was auf unseren Erfahrungen beruht, ist auch durch neue Erfahrungen veränderbar! Darum ist es wichtig, dass wir unsere Glaubenssätze und inneren Bewältigungsstrategien regelmäßig auf den Prüfstand stellen: Sind sie unserem gegenwärtigen Leben noch angemessen, oder handeln wir auf der Grundlage von Überzeugungen, die womöglich seit unserer Kindheit unverändert geblieben sind?

Sicher kennen auch Sie Menschen, die auf gar keinen Fall so werden wollen wie ihre Eltern. Alles an ihnen selbst und anderen, was an die Eltern erinnert, wird von ihnen verurteilt und unterdrückt. Die Ablehnung führt aber nicht dazu, dass diese unerwünschten Eigenschaften einfach verschwinden. Sie führen vielmehr ein Schattendasein, und das verhindert jede bewusste Auseinandersetzung mit ihnen. Wie aber sollen sie auf diese Weise ins Leben integriert werden, wie soll das Leben »ganz« werden? Denn jeder von uns trägt ja nicht nur Positives, Erwünschtes in sich. Das Leben besteht nun einmal aus Gegensätzen: Nähe und Distanz, Lieben und Hassen, Abhängigkeit und Freiheit ... Das eine ist nicht ohne das andere möglich, und deshalb kann es an unseren inneren Tatorten auch nur dann Täter geben, wenn es auch Opfer gibt. Wir selbst sind beides zugleich, Täter und Opfer. Nehmen wir unsere inneren Täter an, dann befreien wir uns selbst aus unserer Opferrolle. Wir bringen Licht in unsere eigene Dunkelheit.

Wir alle haben Erfahrungen gemacht, die überwältigend bzw. erdrückend waren und die wir mit bestimmten Gefühlen in Verbindung bringen. Diese Gefühle waren für uns oder andere unangenehm oder belastend. Möglicherweise wurden uns auch bestimmte Gefühle verboten. Wir durften sie nicht ausdrücken, weil unser Umfeld nicht mit ihnen umgehen konnte und sie als negativ beurteilte. Viele von uns haben deshalb in ihrer Kindheit gelernt, dass Gefühle wie Wut oder Hass nicht gut seien. Wenn wir wütend waren, wurde mit uns geschimpft, vielleicht wurde uns auch gedroht, und wir wurden bestraft. Wir machten die Erfahrung, dass die Art, wie wir fühlten, nicht in Ordnung war. Irgendwann haben wir dann bestimmte Gefühle nicht mehr ausgedrückt, sondern haben versucht, sie zu eliminieren bzw. zu ignorieren, um uns anzupassen, anderen zu gefallen und geliebt zu werden. Damals schien das für uns der einzige Weg zu sein, um zu überleben. Gleichzeitig haben wir uns für unsere Gefühle geschämt und uns die Schuld gegeben, wenn andere wütend oder traurig waren.

Und wie gehen wir jetzt, als Erwachsene, mit diesen Gefühlen um? Bei genauerem Hinsehen werden viele von uns sich eingestehen müssen, dass sich da seit der Kindheit nicht allzu viel geändert hat. Das hat nicht mit eigener Schuld oder Versagen zu tun, sondern ist etwas sehr Naheliegendes. Unsere Glaubenssätze sind nun einmal sehr tief in uns verankert. Und so haben wir heute noch Angst, andere mit unseren »negativen« Gefühlen zu verletzen oder anzustecken. Aber entspricht das wirklich der Realität?

Unsere Gefühle, egal, ob wir sie als angenehm oder unangenehm empfinden, gehören zu unserem täglichen Leben dazu und wollen und müssen gefühlt werden. Wir müssen nur endlich die Angst vor ihnen ablegen und unsere falschen Ansichten ihnen gegenüber revidieren. Könnten wir unsere Wut nur endlich als das wahrnehmen, was sie wirklich ist, nämlich eine wilde, freie Energie, die niemanden verletzt. Oder unsere Trauer: Sie ist ein Gefühl, das uns tiefer mit unserem Herzen verbindet. Aber anstatt uns verletzlich zu zeigen und Kontakt mit uns selbst aufzunehmen, unterdrücken wir sie lieber und nehmen dann Beklemmung in Kauf. Unterdrückte »negative« Gefühle nehmen uns auch die Möglichkeit, alle anderen Gefühle wahrhaftig und intensiv zu spüren, und berauben uns unserer Lebendigkeit.

Das Gefühl wahrhaftig zu fühlen ist des Rätsels Lösung. Jedes Gefühl wartet nur darauf, gefühlt zu werden. Das Weibliche in uns allen will ohne Einschränkungen fühlen, unabhängig davon, ob das Gefühl angenehm oder unangenehm erscheint, denn es weiß, dass dadurch Liebe und Freiheit entstehen. Das mag für Ihren Verstand möglicherweise lächerlich klingen, denn schließlich sind wir es gewohnt, für alles einen Grund und eine Lösung zu finden und es mit unserem Verstand zu untersuchen. Sind wir traurig, dann muss es dafür auch einen Grund geben. Schließlich können wir nicht einfach nur so traurig sein, oder etwa doch? Sind wir wütend, dann muss uns ein anderer Mensch oder irgendein äußerer Umstand wütend gemacht haben. Für unseren Verstand gibt es in diesem Moment immer einen Grund, warum wir fühlen, was wir fühlen. Auch das haben wir meist in unserer

Kindheit vorgelebt bekommen und tief verinnerlicht. Warum sollten wir es also hinterfragen? Die anderen werden schon Recht haben, oder etwa nicht?

Unsere Gedanken erzeugen für uns eine rationale Begründung oder kreieren eine Geschichte rund um unser Gefühl, damit wir eine Ausrede haben, warum wir uns gerade so und nicht anders fühlen. Auf diese Weise brauchen bzw. können wir das Gefühl nie ganz spüren, da wir uns mit Erwartungen, Begründungen, Forderungen oder Schuldzuweisungen an andere ablenken: »Ihre Fahrweise hat mich wütend gemacht.« – »Seine Äußerung hat mir Schmerzen zugefügt, und er hat sich gefälligst zu entschuldigen.« – »Das Essen war nicht gut, deshalb fühle ich mich jetzt unwohl.« Aber wissen wir wirklich, warum wir fühlen, was wir fühlen? Vielleicht waren wir schon vorher wütend, verletzt oder fühlten uns unwohl, und erst die Situation hat uns das Gefühl bewusst gemacht. Ganz egal, warum wir fühlen, was wir fühlen: Das Gefühl ist da und will gespürt werden.

Übungen können uns dabei unterstützen, mit unseren Gefühlen in Kontakt zu kommen. Eine davon ist der »Gefühlsregenbogen«[3], den ich bei Chameli Ardagh[4] kennengelernt habe. Ich werde Ihnen diese Übung an späterer Stelle als »Tanz der Gefühle« vorstellen. Mit ihrer Hilfe können Sie die Erfahrung machen, dass alle Ge-

---

3 Inzwischen heißt diese Übung »shakti rainbow practice«.
4 Chameli Ardagh ist Buchautorin und Gründerin des Awakening Women Institute, wo sie auch lehrt.

fühle, sowohl die vermeintlich unangenehmen als auch die angenehmen, in ständiger Bewegung sind. Gefühle sind ganz einfach Energien, deren Frequenz wir bewusst verändern und in unserem Körper bewegen können. Die Geschichten, die wir selbst rund um das Gefühl erzeugen, bewirken hingegen Schmerz und führen zu einer Art Stillstand, zu sogenannten Blockaden oder Widerständen in uns. Diese Blockaden verhindern, dass das Gefühl, unsere eigene Energie, weiterfließen kann.

Unsere Gefühle frei als Energien durch unseren Körper hindurchfließen zu lassen ist zunächst gar nicht so einfach. Schließlich ist uns unser aus der Kindheit übernommener Umgang mit unseren Gefühlen so bekannt und vertraut. Gewohntes wiederholt sich regelmäßig und fast von allein. Gewohntes erscheint kontrollierbar, ohne unliebsame Überraschungen. Dabei spielt es zunächst überhaupt keine Rolle, ob uns diese Gewohnheit guttut oder Schmerzen bereitet. Um unseren Umgang mit unseren Gefühlen zu verändern, benötigen wir den Mut, uns auf etwas Neues einzulassen. Wir begeben uns auf unbekanntes Terrain; wir wissen nicht, was uns dabei erwartet und wie das Neue funktionieren soll. Es ist ganz natürlich, dass wir dabei erst einmal Angst haben, Fehler zu machen und zu scheitern. Doch auf dem Weg zu einem konstruktiveren Umgang mit Ihren Gefühlen können Sie nicht wirklich etwas verlieren oder falsch machen und erst recht nicht scheitern. Sie können nur lernen und daraus gewinnen. Irgendwann können Sie sich dann kaum noch vorstellen, wie Sie jemals anders mit sich und Ihren Gefühlen umgehen konnten.

Was geschehen kann, wenn Gefühle, Gedanken und Verhaltensmuster dauerhaft verdrängt und nicht wahrgenommen werden, ist mir im Laufe meines Berufslebens immer dann deutlich geworden, wenn besonders sichtbar war, wie Menschen an einer Situation festhalten, die ihnen offenkundig nicht guttut.

So wurden etwa meine Kollegen einmal zu einer Familie gerufen, weil die Nachbarn laute Schreie der Frau gehört hatten. Der Ehemann der Frau konnte nicht verstehen, warum die Polizei gerufen worden war. Seiner Ansicht nach handelte es sich um eine familiäre Auseinandersetzung, die niemand anderen etwas angehe. Die Ehefrau wirkte eingeschüchtert, hatte sichtbare Verletzungen, wollte sich jedoch meinen Kollegen gegenüber nicht äußern. Immerhin ließ sie sich ins Krankenhaus bringen. Dort wurden eine Fraktur des Schlüsselbeins sowie diverse ältere Brüche und Hämatome festgestellt. Die Frau äußerte, das alles ihre Schuld sei, da sie ihren Ehemann mit ihrem Verhalten reizen würde. Alle Versuche, ihr zu helfen, lehnte sie ab und ging wieder zurück zu ihrem Mann. Was aus ihr geworden ist, weiß ich leider nicht.

Einsätze bei häuslicher Gewalt gehören für Polizeibeamte leider zur Tagesordnung. Dabei handelt es sich um Straftaten, die innerhalb der Familie verübt werden; dazu zählen u. a. Körperverletzungsdelikte. Nach außen hin leben viele dieser Familien oftmals ein normales

Leben. Gewalt gehört für sie zum Familienalltag und wird als private Angelegenheit betrachtet, die niemand anderen etwas angeht. Die Opfer vertrauen sich häufig niemandem an und geben sich selbst die Schuld für das gewalttätige Verhalten ihres Partners. Vielfach fühlen sie sich abhängig von ihm. Viele der Betroffenen rufen deshalb nicht von sich aus die Polizei und sind auch nicht an einer Strafverfolgung interessiert. Abhängigkeiten, Existenzängste oder Selbstzweifel lassen sie lieber das gewohnte Leben weiterleben, anstatt sich aus der Gewaltsituation zu befreien und in ein neues Leben aufzubrechen.

Glaubenssätze wie »Ich bin es nicht wert«, »Ich kann nicht allein sein« oder »Ich brauche meinen Partner« halten diese Menschen in einem schmerzhaften Kreislauf gefangen. Etliche von ihnen sind schon als Kinder Opfer von Gewalttaten gewesen. Auch der gewalttätige Partner hat vielfach bereits in seiner Herkunftsfamilie Gewalt erlebt. Diese Menschen wiederholen unbewusst ihre kindlichen Erfahrungen, und sie ziehen Menschen an, mit denen sie diese Erfahrungen leben können. Machen sie sich diesen Teufelskreis nicht bewusst, dann setzt sich der Kreislauf der Gewalt fort. Es gibt zu diesen Zusammenhängen zahlreiche Studien, die belegen, was ich selbst im Polizeidienst oft erlebt habe.[5]

---

5 Vgl. dazu etwa Björn Migge: Handbuch Coaching und Beratung, Studienheft für den Personal Coach, PBC013. Migges Ausführungen über die Opfer von Gewaltverbrechen und Gewalt in der Familie decken sich mit dem, was ich in der Polizeipraxis erlebt habe.

Ich hatte immer wieder mit Vergewaltigungsopfern und Betroffenen anderer Gewaltverbrechen zu tun. Eine junge Frau etwa wurde auf ihrem Nachhauseweg von einem Unbekannten vergewaltigt. Während ihrer Befragung und auch bei der Untersuchung im Krankenhaus wirkte sie abwesend und stand sichtbar unter Schock. Sie konnte das Geschehene kaum schildern, sagte immer wieder, dass sie große Angst um ihr Leben gehabt habe und nur alles schnell über sich ergehen lassen wollte. Sie schien sichtlich durcheinander und voller Scham und Angst. Nach über einem Jahr traf ich sie zur Gerichtsverhandlung wieder. Dort saß sie im Vorraum zusammen mit dem Täter und wartete, um vor Gericht gehört zu werden. Sie wirkte gebrochen, ihre Augen blickten ins Leere, und sie hatte deutlich zugenommen. Sie erzählte mir, dass ihre Beziehung zu ihrem Lebensgefährten zerbrochen war, weil sie es nicht mehr ertragen konnte, einem anderen Menschen wirklich nahe zu sein. Sie hatte zudem noch ihren Beruf verloren, weil sie sich kaum mehr motivieren konnte aufzustehen. Sie fühlte sich antriebslos und wünschte sich, dass das alles nicht passiert wäre. Meine Frage, ob sie mit jemanden über ihr Erlebnis gesprochen bzw. sich professionelle Hilfe geholt habe, verneinte sie mit der Begründung, dass sie das alles nur schnell vergessen wolle.

Kaum jemand rechnet damit, Opfer eines Gewaltverbrechens zu werden. Der Täter überrascht sein Opfer und nutzt dessen Schutz- bzw. Hilflosigkeit aus. Ein natürlicher und uns allen angeborener Instinkt ist, zu leben bzw. überleben zu wollen. Aus diesem Grund wehren sich Opfer oftmals nicht und kommen den Forderungen, die an sie gestellt werden, auch nach. Aus Scham, Angst und um sich selbst das Geschehene nicht eingestehen zu müssen, zeigen viele Opfer die Tat gar nicht oder verspätet an. Besonders traumatisierend wirkt es auf die Betroffenen, wenn bei der Tat etwas in ihren Körper eindringt – sei es der Penis des Täters, der in eine Körperöffnung des Vergewaltigungsopfers eindringt, oder ein Messer, das in den Körper gestochen wird. Stark traumatisierend ist es auch, wenn der Täter ein Familienmitglied, Freund oder Bekannter des Opfers ist oder die Tat zu Hause passiert.

Viele der Opfer versuchen ihre Gefühle zu ignorieren und zu verdrängen. Sie verarbeiten das Trauma somit nicht. Infolgedessen leiden viele von ihnen unter Alpträumen oder körperlichen Beschwerden bis hin zum Verlust der eigenen Körperwahrnehmung. Das Verdrängen der belastenden und beängstigenden Gefühle kann beispielsweise zu einem veränderten Schmerzempfinden führen. Dann fügen sich die Betroffenen entweder selbst Schmerzen zu, um überhaupt noch etwas spüren zu können, oder sie empfinden jede Form von körperlicher Nähe und Zuwendung als bedrohlich. Ihnen fällt es schwer zu spüren, wo sie beginnen und enden und wo jemand anders beginnt. Die Wahrnehmung ihrer natürlichen Grenzen ist verlorengegangen. Hinzu kommen von Fall zu Fall noch Vorverurteilungen durch Polizei,

Anwälte, Richter und Familie bzw. Freunde: Sie sind möglicherweise der Ansicht, das Opfer habe zur Tat beigetragen, indem es sich zu freizügig gekleidet, sich provozierend verhalten habe usw.

Einer der ersten Suizide, die ich bearbeitet habe, geschah in einem Einfamilienhaus. Die Ehefrau hatte die Polizei alarmiert, nachdem ihr minderjähriger Sohn den Familienvater leblos im Keller des gemeinsamen Hauses aufgefunden hatte. Sowohl die Frau als auch der Sohn waren nicht ansprechbar und wurden von einem Arzt betreut. Im Keller fanden wir den Mann an seiner Werkbank sitzend vor. Er hatte sich mit einer Nagelpistole in den Körper geschossen. In einem Abschiedsbrief, den er seiner Frau hinterließ, schrieb er von finanziellen Problemen, mit denen er nicht mehr umgehen konnte, und der Angst, das Haus und seine Familie zu verlieren bzw. Frau und Kind nicht mehr ernähren zu können. Er meinte, dass die beiden ohne ihn besser dran wären und von seiner Lebensversicherung leben könnten.

Menschen, die sich selbst töten oder ausgeprägte Suizidgedanken haben, leiden oft an einer schweren psychischen Erkrankung, die das Bewusstsein verändert und für andere deshalb schwer oder gar nicht nachvollziehbar ist. Schwere Depressionen beispielsweise können zum Suizid führen. Dabei richten die Betroffenen ihre Aggression nach innen, gegen sich selbst, weil sie nicht wissen, wie sie mit ihrer Wut anders umgehen sollen. Sie haben immense Angst vor ihren eigenen Gefühlen und scheinen im Tod die einzige Möglichkeit zu sehen, von ihren Schmerzen bzw. Problemen geheilt zu werden. Einige von ihnen wollen mit ihrer Selbsttötung aber auch ihre Aggression gegen eine andere Person zum Ausdruck bringen. Ein Suizid erzeugt vielfach bei den Hinterbliebenen starke Schuldgefühle.

Mit dem Tod war ich in meinem Beruf regelmäßig konfrontiert, und er hat mir jedes Mal aufs Neue Angst gemacht. Ich habe mich oft gefragt, was passieren würde, wenn ich selbst plötzlich tot wäre. Hätte ich das Leben gelebt, das ich leben wollte? Würden sich andere Menschen an mich erinnern und mich vermissen? Diese Gedanken machten mir große Angst. Das Thema ließ mich einfach nicht in Ruhe, denn alle meine Bewältigungsstrategien änderten nichts, und ich war immer wieder mit dem Tod konfrontiert.

Ganz bewusst begann ich mich mit dem Tod erst zu beschäftigen, als meine Ehe zerbrach. Genau wie der Tod hatte auch meine Scheidung etwas Endgültiges für mich. Ich hatte auf einmal nicht nur meinen Mann, sondern auch meinen besten Freund, Familienmitglieder und einige unserer gemeinsamen Freunde verloren. Dieser Verlust ließ eine Leere in mir entstehen, die ich nicht mit Ablenkungen füllen konnte. Ich nahm zum ersten Mal bewusst meine Gefühle von Alleinsein, Einsamkeit und Hilflosigkeit wahr. Manchmal bemerkte ich auch Wut, Schuldgefühle und Selbstvorwürfe in mir und darunter die große Angst, nicht geliebt zu werden. Das Fühlen solcher und anderer Gefühle, das Betrauern, das Annehmen ist meiner Meinung nach der einzige Weg, um Verluste, Gewaltverbrechen und Ähnliches zu überstehen und wirklich weiterleben zu können. Unsere Ängste zu spüren führt nicht zum Tod. Ganz im Gegenteil: Sie geben uns unsere Lebendigkeit zurück, so dass wir besser leben können.

FAZIT: Das Ziel des Fühlens ist nicht, dass sich das Gefühl für immer in Luft auflöst. Gefühle werden immer in uns sein. Aber die Intensität und Bedrohlichkeit von Gefühlen, die wir als unangenehm oder ungewollt empfinden, nimmt beim bewussten Fühlen stetig ab, weil jedes Gefühl eben nur gefühlt werden möchte. Gefühle sind in stetiger Bewegung, sie verändern sich in uns. Das Fühlen jedes Gefühls bewirkt, dass wir in belastenden Situationen unsere eigenen Stärken spüren und nutzen können. Wir übernehmen Verantwortung für unsere Gefühle, unser Denken und unsere Handlungen. Wir lernen, andere in ihrer Einzigartigkeit wahrzunehmen und zu respektieren. Wir lernen, unser Selbstbild, unsere Glaubenssätze zu hinterfragen, und gehen anders mit den inneren Widerständen um, die sich gegen Veränderungen zur Wehr setzen. Nicht unsere Gefühle oder andere Personen haben Macht über uns, sondern wir sind verantwortlich für unsere Gefühle. Wir sind nicht ihre

Opfer, sondern wir erschaffen uns unsere Gefühle und unser Leben mit dem, was wir denken und wie wir handeln.

Machen wir uns erst einmal bewusst, was wir glauben, was wir von uns selbst und anderen erwarten und wo wir uns selbst einschränken, dann können sich belastende Gefühle verändern. Jeder Mensch hat seine persönliche Perspektive, die von seiner eigenen Geschichte, seinen Grundannahmen über das Leben und seiner selektiven Wahrnehmung abhängig ist. Es gibt deshalb keine objektive Wahrheit. Lernen wir zu akzeptieren, dass jeder seine eigene Wahrheit hat und wir diese nicht verändern werden, dann entsteht ein Raum voller wunderbarer Möglichkeiten. Mit Neugierde, Offenheit und dem Mut, sich der eigenen Angst und allen anderen Gefühlen zu stellen, können wir einen neuen Umgang mit uns selbst und dem Leben erlernen.

Tatorte und wie Sie diese sichtbar machen können

Reale Tatorte sind Orte, an denen sich ein Vergehen oder Verbrechen abgespielt hat. Sie sind der Ort des Geschehens. Wir verbinden mit dem Tatort jenen Ort, an dem der Täter selbst gehandelt hat oder an dem er etwas geduldet bzw. unterlassen hat, obwohl er dazu verpflichtet gewesen wäre. Durch das Verhalten des Täters sind an diesem Ort Verletzungen, Schmerzen und Schäden entstanden. An jedem äußeren, realen Tatort ist die individuelle Handschrift des Täters erkennbar, indem vorhandene Spuren sichtbar gemacht werden. An Tatorten werden also Beweismittel gesucht und gesichert. Denn erst die Beweissicherung ermöglicht es, den Tathergang zu rekonstruieren bzw. das Tatgeschehen nachvollziehbar zu machen und die Anwesenheit des Täters zu belegen. An einem Tatort kann man sowohl belastende als auch entlastende Beweismittel auffinden, die mögliche Tatverdächtige, also Personen, die augenscheinlich als Täter in Betracht kommen, als Täter ausschließen oder überführen.

Unsere inneren Tatorte verbinden wir ebenfalls mit negativen bzw. schmerzhaften Erfahrungen. Irgendwann einmal ist etwas in unserem Leben geschehen, was uns Angst gemacht hat und seitdem unser Verhalten meist unbewusst beeinflusst. Innere Tatorte entstehen also nicht wirklich plötzlich und aus heiterem Himmel, wir nehmen sie und das dort herrschende Gefühlschaos nur in Krisensituationen plötzlich wieder wahr. Im Alltag bemerken wir die alten Tatorte selten, obwohl sie die ganze Zeit in uns sind und sich auch durch körperliche Symptome bemerkbar machen. Die schieben wir jedoch meist beiseite – schließlich wollen wir ja »funktionieren«. Erst wenn wir uns körperlich am Ende fühlen und gar nichts mehr geht, holen wir uns notgedrungen Hilfe.

In Krisenzeiten lassen wir die alten Strategien los, mit denen wir unsere unangenehmen Gefühle normalerweise in Schach halten. Zu beängstigend ist die Situation, zu viel Neues stürmt auf uns ein. Doch genau diese Zeiten bedeuten oft eine Chance, unsere Gedanken, Gefühle und Körperempfindungen neu wahrnehmen zu lernen. Der Anfang ist dabei gar nicht so leicht. Sie werden an einigen Gefühlen festhalten wollen, nicht weil sie zwangsläufig angenehm sind, sondern weil sie Ihnen schlicht zutiefst vertraut sind. Ein anderes Mal werden Sie sich für Ihre Gedanken verurteilen und schämen. Sie werden Ihr Verhalten in bestimmten Situationen nicht mehr verstehen oder sich ärgern, wieder in alte Reaktionsmuster verfallen zu sein. Und Sie werden zu Beginn einige Körperempfindungen gar nicht als Ihre inneren Tatorte wahrhaben wollen und erst einmal nicht den Mut aufbringen, an ihnen zu ermitteln.

Alle Erfahrungen, die wir in unserem Leben gemacht haben und täglich aufs Neue machen, beeinflussen nicht nur unser Denken und Verhalten, sondern auch unsere körperliche Verfassung. In unserem Körper sind alle unsere Erfahrungen abgelegt. Positive Erfahrungen nehmen wir als Energiefluss war. Wir fühlen uns in unserem Körper wohl und sind mit unseren Gedanken und Gefühlen in Einklang. Bei negativ empfundenen Erfahrungen scheint unsere Energie nicht fließen zu können und staut sich an. Unser Körper ist dann blockiert und im Widerstand, und er teilt dies im Außen mit, etwa durch Muskelverspannungen, Atemnot, auffallende Blässe oder andere Symptome. So macht unser Körper uns selbst und andere darauf aufmerksam, dass etwas in uns Zuwendung und Hilfe benötigt.

Wir Menschen sind schon ziemlich komplexe und beeindruckende Geschöpfe. Alles in uns ist irgendwie miteinander verbunden: Geist, Körper, Seele – der Dreiklang unseres Lebens. Gefühle sind Energien, Frequenzen, die auf unseren Erfahrungen beruhen, in unserem Körper gespeichert werden und dort zum Ausdruck kommen. Je ausgeglichener sich Geist, Seele und Körper zueinander verhalten, umso harmonischer und angenehmer wirkt unser Leben. Innere Ungleichgewichte hingegen führen zu Disharmonien, die uns dann wiederum belasten und stören.

Der Schmerz, das Leid und die dadurch verursachte Angst, die wir erlebt haben, beeinträchtigen uns so lange körperlich, bis wir uns unseren inneren Tatorten mit all den dort existierenden Gedanken und Gefühlen widmen.

Es spielt dabei keine Rolle, um welche Art von Erfahrung es sich handelt. Jedes belastende Ereignis hinterlässt in uns Spuren und bereitet uns so lange unbewusst Schmerz und Leid, bis der Tatort bewusst begangen und an ihm ermittelt wurde. Die Sichtbarmachung und Anerkennung der Tatorte in uns lässt sie nicht immer vollständig verschwinden, aber sie führt dazu, dass die Bedeutung dieser Orte sich verändern kann. Sie verlieren ihre Gefährlichkeit, ihre Bedrohlichkeit und ihre negative Bedeutung. Sie können als das angenommen werden, was sie wirklich sind, nämlich eine körperliche Ausdrucksweise unserer Innenwelt.

Meine inneren Tatorte befinden sich an den unterschiedlichsten Stellen in meinem Körper. Ich habe immer mal wieder mit Nacken- oder Rückenverspannungen zu tun. In diesen Augenblicken nehme ich meine Angst vor einer bestimmten Situation gar nicht bewusst wahr. Ich merke gar nicht, wie mich die Situation lähmt und einengt. Auch unterdrücke ich dann meine Gedanken wie etwa »Das kannst du nicht. Du bist einfach nicht gut genug«. Ich kann ein ums andere Mal zwar meine Gefühle und Gedanken ausblenden, aber vor den körperlichen Beschwerden, die früher oder später auftreten, kann ich irgendwann nicht mehr davonlaufen. Spätestens jetzt hat mein Körper meine Aufmerksamkeit. Lasse ich mich dann aufs Fühlen des Schmerzes ein, dann nehme ich plötzlich auch das Gefühl und meine Gedanken wahr, und oft reicht allein das schon aus, um meine körperlichen

Beschwerden zu lindern. Das hängt natürlich auch ein wenig davon ab, wie lange ich gegen meine Körperempfindung angekämpft habe. Manchmal benötige ich zusätzlich ärztliche Hilfe, um meine Muskulatur wieder zu entspannen oder Blockaden zu lösen. Aber der körperliche Schmerz lässt in dem Moment nach, in dem ich mich wirklich auf mich selbst einlasse, meinem Körper zuhöre und alles, was dazugehört, fühle und annehme.

Übung 2: Innere Tatorte aufspüren, Teil 1
Für diese Übung benötigen Sie Papier und Stift, um sich Notizen zu machen. Nehmen Sie sich hierfür zwischen 10 und 20 Minuten Zeit. Machen Sie es sich zuallererst irgendwo bequem, wo Sie für diese Zeit nicht gestört werden und sich wohlfühlen. Schließen Sie dann kurz die Augen, nehmen Sie ein paar tiefe Atemzüge und lassen Sie die folgenden Fragen auf sich wirken:

- Welcher innere Tatort fällt Ihnen ein, den Sie mit Ihrem Leben in Verbindung bringen?
- An welches Ereignis aus Ihrer Kindheit erinnern Sie sich, das möglicherweise noch heute Einfluss auf Ihre Gedanken, Gefühle und Verhaltensweisen hat?
- Wie macht sich dieses Ereignis in Ihrem Körper bemerkbar?

- Was denken Sie darüber und welche Gefühle nehmen Sie in sich wahr?

Beschäftigen Sie sich also mit Ihrem Leben, gehen Sie einzelne Stationen durch, überlegen Sie, was Sie besonders geprägt hat. Vielleicht fällt Ihnen ein Ereignis ein, das Sie schon lange verdrängt haben. Möglicherweise gibt es auch etwas in Ihrer Vergangenheit, was noch heute allgegenwärtig ist und Ihr jetziges Tun oder Fühlen unbewusst beeinflusst. Oftmals sind körperliche Beschwerden wie Rückenschmerzen oder Schweißausbrüche, Nervosität etc. eine Folge von verdrängten Ereignissen: Statt uns mit einer unangenehmen Erfahrung auseinanderzusetzen, schieben wir sie von uns weg und »packen« sie in unseren Körper – meist dorthin, wo wir sie selbst nicht sehen können. Die Folge sind dann beispielsweise Rückenbeschwerden. Wir können uns diese Schmerzen oft nicht erklären und würden sie normalerweise kaum mit einem schmerzhaften Erlebnis oder einer bestimmten Situation in Verbindung bringen. Diese Übung hilft dabei, Gedanken und Gefühle sowie Körperempfindungen bewusst wahrzunehmen. Auf diese Weise lernt man, anders damit umzugehen, und beginnt, Erlebnisse nach und nach zu verarbeiten. Was sich über viele Jahre angesammelt hat, lässt sich nicht von einem Tag zum nächsten verändern.

Machen Sie sich Ihre Notizen. Schreiben Sie alles auf, was Ihnen in den Sinn kommt, ohne zu bewerten, ob es nachvollziehbar ist oder nicht. Vertrauen Sie einfach Ihrer Intuition.

Und dann, wenn Sie meinen, dass Sie fertig sind, legen Sie den Zettel erst einmal zur Seite. Sie werden ihn später noch einmal brauchen.

Jetzt bewegen Sie Ihren Körper ein wenig. Schütteln Sie einfach mal Ihre Arme und Beine aus. Lassen Sie Ihr Kinn für einen kurzen Moment auf Ihrem Brustkorb ruhen und beenden Sie dann die Übung mit drei tiefen Atemzügen.

FAZIT: Oft sind wir uns der Verbindung von Gefühl, Gedanke, Verhaltensweise und Körperempfindung nicht bewusst, aber wir speichern alles, was uns belastet, auch in unserem Körper ab. Wir können Gefühle nur annehmen und verändern, wenn wir sie wahrnehmen, und das geht nur mit Hilfe unseres Körpers.

Der Ort, an dem wir eine belastende Erfahrung oder ein unangenehmes Gefühl körperlich spüren, ist unser Ausgangspunkt der Ermittlung, bei der wir unsere inneren Tatorte und Täter aufspüren. Für diese innere Ermittlung brauchen wir Mut zur Angst und zur Verwirrung, denn an unseren inneren Tatorten herrschen Misstrauen und Angst, und die Ermittlung wird auf Widerstände stoßen.

Richten wir unsere Aufmerksamkeit mehr auf uns selbst, dann spüren wir plötzlich, wie sich beispielsweise die Angst in unserem Körper anfühlt. Dieses Gefühl kann sich durch Schmerz, körperliches Unbehagen, Kribbeln, Schweißausbrüche oder gar Panik, Sprachlosigkeit oder Lähmungserscheinungen ausdrücken. Genau an dieser Stelle im Körper, also dort, wo es zwickt und wehtut und wir am liebsten wegrennen würden, werden wir Hinweise auf unsere Täter finden.

Alle unsere Tatorte wollen entdeckt werden, egal, wie alt sie auch sind. Diese Orte in uns selbst machen uns nur deshalb Angst, weil wir sie so lange vernachlässigt haben. Dabei bieten sie uns etwas Wundervolles an, wenn wir uns ihnen zuwenden: unsere Freiheit. Unsere Tatorte wollen uns helfen, alle die Gefühle wahrzunehmen, die immer schon vorhanden waren, egal, ob wir sie unterdrückt, bekämpft oder durch unzählige Aktivitäten im Außen ruhiggestellt haben. Keine Verdrängungsstrategie kann je das Gefühl und unsere Erfahrung verändern. Nur das Spüren und Wahrnehmen des Gefühls an unseren

Tatorten, in unserem Körper, kann neue Erfahrungen erzeugen. Aus ihnen können wir lernen und sie gegen die alten Verhaltensmuster austauschen. Durch Ermittlungen an unseren Tatorten können wir uns endlich unserem Schmerz und unserer Angst stellen und alles, was wir dort antreffen, in den Arm nehmen. Unser Körper ist die Verbindung zwischen unserem Geist und unserer Seele. Nur wenn alle drei im Einklang miteinander sind, können innere Harmonie und Freiheit entstehen.

Ein äußerer Tatort, den ich in meinem ganzen Leben nicht vergessen werde, war folgender: Ich befand mich während meines Polizeistudiums im Praktikum bei VB I. VB I ist die Sofortbearbeitung der Polizei. Man könnte sie auch als »Feuerwehr« der Polizei bezeichnen, weil sie die ersten Ermittlungen an allen kriminalpolizeilichen Tatorten durchführt. Ihr Aufgabengebiet reicht von Einbrüchen in Wohnungen, Geschäften, Fahrzeugen bis zu Raubtaten, Vergewaltigungen, ungeklärten Todesfällen, Betrugstaten und anderen Delikten.

Es war ein heißer Sommertag, und meine Kollegin und ich wurden zu einem ungeklärten Todesfall gerufen. Wir wunderten uns, warum die Funkwagenbesatzung nicht in der Wohnung auf uns wartete, sondern im Fahrzeug vor dem Wohnhaus saß. Im Treppenhaus waren alle Fenster weit geöffnet. Das ist in der Regel kein gutes Zeichen. Als wir aus unserem Fahrzeug ausstiegen, wusste ich, warum die Kollegen im Auto warteten. Es roch fürchterlich nach Verwesung. Die Kollegen brachten uns dann hoch in die Wohnung. Sie erzählten uns, dass die Wohnung einem jungen Mann gehörte und niemand den Geruch bemerkt habe. Die Nachbarn unter der Wohnung des jungen Mannes hätten die Polizei nur gerufen, weil sie am Mittagstisch saßen und es plötzlich durch die Zimmerdecke getropft habe. Die Wohnung selbst war nicht nur geruchstechnisch, sondern auch optisch und körperlich eine belastende Erfahrung. Ich möchte sie auch deshalb hier nicht näher beschreiben.

An meinem inneren Tatort spielte sich Folgendes ab: Der Verwesungsgeruch erzeugte in mir eine große Angst vor dem, was mich erwarten würde. Diese Angst äußerte sich körperlich durch ein starkes Gefühl von Übelkeit. Ich musste mich zwar nicht übergeben, aber mein Magen zog sich heftig zusammen. Gleichzeitig spürte ich trotz der sommerlich heißen Temperaturen eine innere Kälte in mir aufsteigen. Ich fühlte mich plötzlich wie innerlich erstarrt, eingefroren. Mein Verstand schien nur langsam und schwerfällig zu arbeiten. Das Gefühl der Angst nahm ich in diesem Moment gar nicht wahr, weil meine Konzentration meinen beiden Tatorten galt, dem äußeren und dem inneren. Den inneren Tatort wollte ich dabei möglichst nicht wahrnehmen, sondern versuchte Wege zu finden, ihn nicht so deutlich zu spüren. Ich befürchtete, mich sonst an meinem äußeren Tatort zu erbrechen. Mein gesamter Körper war angespannt.

Ich habe lange gebraucht, um meine inneren Tatorte und meine mit ihnen verbundenen Gefühle aufzuarbeiten. Viele meiner äußeren Tatorte habe ich unbewusst in mein Steißbein und meinen Rücken verdrängt und sie erst viele Jahre später als meine inneren Tatorte erkannt und mit meinen dort vergrabenen Ängsten angenommen. Heute bin ich mehr in meinem Körper zu Hause, als ich es jemals war, und trotzdem tauchen immer wieder Tatorte in mir auf, die meine Beachtung benötigen, um eine Balance zwischen meinen Gedanken, Gefühlen und meinem Körper herzustellen.

Übung 3: Tatorte aufspüren, Teil 2
Planen Sie für diese Übung 10 bis 15 Minuten Zeit ein. Nehmen Sie sich den Zettel mit Ihren Tatortnotizen zur Hand und lesen Sie laut vor, was Sie aufgeschrieben haben. Dann schließen Sie die Augen und schauen Sie, ob Ihnen weitere Details zum Tatort einfallen.

Fragen Sie sich dabei Folgendes:

- Welche Situation hat den Tatort sichtbar gemacht?
- Wie hat sich der Tatort angefühlt?

- Wo haben Sie den Tatort in sich bewusst wahrgenommen?
- Welches Gefühl können Sie mit dieser Körperempfindung in Verbindung bringen?
- Tauchten Gedanken am Tatort auf? Wenn ja, welche kamen zum Vorschein?
- Wie haben Sie auf den Tatort reagiert?

Lassen Sie die Fragen auf sich wirken und versuchen Sie, tiefer in sich selbst einzutauchen. Lernen Sie sich immer besser auf einer neuen Ebene kennen und verstehen. Versuchen Sie, den Auslöser einer Situation vor Ihr inneres Auge zu holen und nehmen Sie wahr, wie Sie sich dabei fühlen. Vielleicht glauben Sie, dass Sie den körperlichen Schmerz oder das Gefühl nicht aushalten können. Aber glauben Sie mir, das können Sie. Es ist nur ein Gefühl, das sich in Ihnen körperlich ausdrückt, damit Sie es überhaupt wahrnehmen können. Schenken Sie Ihren Gefühlen, Körperempfindungen und all Ihren Gedanken Aufmerksamkeit. Je weniger Angst Sie vor Ihren eigenen Gefühlen haben, desto mehr können Sie wirklich im gegenwärtigen Moment leben und Ihr Leben genießen.

Byron Katie schrieb kürzlich sinngemäß Folgendes auf Facebook: »Der Schmerz ist nichts, vor dem man Angst haben muss, er ist etwas, das man verstehen (lernen) sollte.«[6] Also lernen Sie, sich selbst zu verstehen und decken Sie auf, welche Gefühle und Gedanken in Ihnen regelmäßig ein bestimmtes Verhalten hervorrufen. Dabei kann es passieren, dass Sie Dinge an sich bemerken, die Sie an anderen verurteilen. Möglicherweise ärgern Sie sich auch, dass Sie sich schon wieder so oder ähnlich verhalten haben, obwohl Sie das nicht mehr machen wollten. Seien Sie nicht zu streng mit sich selbst. Niemand ist perfekt, und – ehrlich gesagt – das ist auch ein Glück. Wir alle machen Fehler, und oft müssen wir anscheinend dieselben Fehler mehrmals wiederholen, bis wir aus ihnen lernen können. Schenken Sie sich einige tiefe Atemzüge und ganz viel Mitgefühl und seien Sie sicher, dass es uns allen ähnlich ergeht.

Vergessen Sie nicht, Ihre Antworten auf Ihrem Zettel zu ergänzen: Aus ihnen lassen sich neue Hinweise auf Ihren Täter gewinnen – auch wenn diese nicht gleich für Sie sichtbar werden. Nehmen Sie Ihre Notizen ruhig hin und wieder zur Hand und fügen Sie neue Anmerkungen und Erkennt-

---

6 Byron Katie ist Begründerin von *The Work*, einer Fragetechnik, die dabei helfen kann, stressbehaftete Überzeugungen wahrzunehmen und zu überwinden. Im amerikanischen Original lautet Byron Katies Facebook-Post vom 23.05.14: »Pain is nothing to fear; it's something to understand.«

nisse hinzu, wenn Sie möchten. Das Aufschreiben und Sichtbarmachen hilft uns oft dabei, bestimmte Muster aufzudecken. Meistens sehen wir etwas, aber bis wir es dann auch wirklich in uns fühlen können, vergeht noch einmal einige Zeit. Alles, was wir ermitteln, ist ein Prozess, und alles, was wir lernen, bedarf regelmäßiger Wiederholung, damit wir es anwenden können.

Verschaffen Sie sich einen Überblick am Tatort

Wenn Sie einen inneren Tatort ausfindig gemacht haben, ist es erst einmal wichtig, dass Sie sich dort einen Überblick verschaffen. Dafür sind folgende Fragen hilfreich:

- Welches Ereignis hat diesen Tatort sichtbar gemacht?

Finden Sie heraus, welche Situation bzw. welche Person diesen Ort in Ihnen aktiviert hat. Vielleicht können Sie auch erkennen, ob der Tatort durch ein Verhalten oder Worte Ihres Gegenübers zum Vorschein kam oder ob Sie bestimmte Erwartungen an eine Situation hatten, die nicht erfüllt wurden.

- Um was für einen Tatort handelt es sich, und wo befindet er sich im Körper?

Lokalisieren Sie Ihren Tatort und benennen Sie diesen Ort in sich mit Worten wie »im Magen«, »in der Hand« oder »in der Brust«. Wenn Sie mögen, können Sie die Körpergegend, in der sich Ihr Tatort befindet, auch mit der Hand berühren. Auf diese Weise setzen Sie sich nicht nur mental mit Ihrem Tatort auseinander, sondern schenken ihm auch durch Ihre Berührung Aufmerksamkeit und Anerkennung. Gleichzeitig signalisieren Sie Ihren Gedanken, dass Sie sich jetzt um diesen Ort in Ihnen kümmern wollen. Glauben Sie mir, Ihr Körper wird es Ihnen danken, wenn Sie ihn auch anfassen und auf diese Weise Ihre Intention spürbar werden lassen. Unser Körper sehnt sich so sehr nach Berührung, Aufmerksamkeit und Zuwendung.

- Wie fühlt sich der Tatort an?

Tauchen Sie ein in den Ort in Ihnen. Nehmen Sie wahr, ob es dort kalt oder warm ist, ob es zwickt oder sticht, brennt oder juckt, eng ist oder weit. Möglicherweise können Sie an diesem Ort auch nur eine Leere wahrnehmen, oder Sie fühlen überhaupt nichts. Aber auch Starre, Lähmung, Leblosigkeit sind wichtige Tatorte in uns und benötigen Beachtung, damit dort wieder etwas in Bewegung kommt.

- Welche Gedanken treten am Tatort auf?

Hören Sie Ihren Gedanken einfach zu. Nehmen Sie wahr, was sie Ihnen über den Tatort und seinen Täter zu erzählen haben. Das kann sowohl erschreckend als auch unglaublich spannend und interessant sein.

- Welches Verhalten bzw. welcher Impuls tritt in Bezug auf den Tatort auf?

Damit ist gemeint, wie Sie auf den Tatort reagieren, welche Strategien Sie im Umgang mit der körperlichen Empfindung haben. Möglicherweise würden Sie jetzt am liebsten gar nicht mehr an diese Empfindung denken und sich ablenken. Vielleicht verspüren Sie plötzlich das Bedürfnis, auf die Toilette zu gehen oder sich schlafen zu legen. Bitte geben Sie dem Impuls nicht gleich nach, sondern beobachten ihn einfach nur eine Weile. Verändert sich etwas, oder wird das Verlangen, dem Impuls nachzugeben, stärker?

- Welcher Täter könnte sich an diesem Tatort aufgehalten haben?

Diese Frage müssen Sie jetzt noch nicht beantworten. Es ist nur wichtig, dass Sie sie sich überhaupt stellen. Lassen Sie sich von dem überraschen, was die Frage in Ihnen bewirkt und zum Vorschein bringt.

Manchmal kann auch die folgende Zusatzfrage helfen, dem Täter auf die Schliche zu kommen:

- Kommt Ihnen das Verhalten bzw. der Tatort bekannt vor?

Machen Sie sich ähnliche Situationen bewusst, in denen Sie dieses Verhalten bzw. die körperlichen Symptome wiedererkennen.

FAZIT: Bei der Wahrnehmung unserer Tatorte geht es in erster Linie um das Beobachten dessen, was gerade schon sichtbar ist, ohne dabei die körperliche Empfindung zu be- oder verurteilen. Der Tatort ist nun einmal in uns, ob wir das wollen oder nicht. Ihn und somit das körperliche Symptom zu verurteilen, ändert nichts. Nehmen Sie deshalb alles lediglich wahr und beobachten Sie es. Mehr braucht es meist nicht, um die Körperempfindung zu lindern.

Übung 4: Tatorte in sich selbst aufsuchen
Nehmen Sie sich für diese Übung 10 bis 20 Minuten Zeit und wiederholen Sie sie an mehreren Tagen (besonders schön wäre, wenn Sie sie an mehreren aufeinanderfolgenden Tagen durchführen könnten). Machen Sie es sich wieder bequem und stellen Sie sicher, dass Sie diese Zeit auch wirklich für sich nutzen und nicht abgelenkt werden.

Schließen Sie die Augen und nehmen Sie einige tiefe Atemzüge. Atmen Sie dabei durch die Nase ein und spüren Sie, wie Sie die frische, kühle Luft einatmen. Nehmen Sie wahr, wie sich die Luft von Ihrem Nasengang aus langsam von oben nach unten in Ihren gesamten Körper ausbreitet und sich dabei erwärmt. Atmen Sie dann bewusst aus und spüren Sie, wie aus Ihrer Nase warmer Atem strömt, der wieder Platz für einen neuen Atemzug macht. Atmen Sie bewusst ein und wieder aus und bringen Sie Ihre Aufmerksamkeit auf den heutigen Tag.

Lassen Sie den Tag Revue passieren, indem Sie sich fragen, ob es heute eine Situation gab, in der Sie sich nicht wohlgefühlt haben. Vielleicht hat jemand etwas zu Ihnen gesagt, was Sie verletzt hat, oder jemand hat ein Versprechen nicht eingehalten. Machen Sie sich bewusst, was das mit Ihnen gemacht hat und wie es sich in Ihnen ausgedrückt hat.

Die folgenden Fragen können Ihnen dabei helfen, dem Gefühl Raum zu geben und es mit Ihrem Mitgefühl zu umarmen.

- Fällt Ihnen im Nachhinein eine Situation ein, in der Sie sich unwohl gefühlt haben?
- Wie genau sah die Situation aus?
- Wer oder was hat sie ausgelöst?
- Was haben Sie wo in Ihrem Körper wahrgenommen?

Vielleicht möchten Sie auch hier wieder eine Hand auf den Ort in sich legen, an dem Sie die Situation körperlich wahrgenommen haben. Das hilft Ihnen, sich mit dem Ereignis nicht nur mental auseinanderzusetzen, sondern es auch auf einer physischen Ebene zu spüren. Natürlich ist es wichtig, dass Sie sich auch Ihre Gedanken in der jeweiligen Situation bewusst machen, damit Sie sich fragen können, ob diese Gedanken wirklich wahr sind oder auf alten Erfahrungen beruhen. Möglicherweise sind Sie als Kind oft enttäuscht worden und glauben seitdem, dass man anderen Menschen nicht vertrauen kann. Dann wird Ihr Verstand immer wieder versuchen, diese Überzeugung zu bestätigen und ein bestimmtes Verhalten in Ihnen zu erzeugen. Dieses Verhalten wiederholen Sie dann unbewusst immer und immer wieder, sobald das dazugehörige Gefühl in Ihnen hervorgerufen wird. Je mehr Übereinstimmungen der aktuellen Situation mit früheren Situationen Sie finden, desto näher kommen Sie Ihrem eigentlichen Täter – Sie können das auch als spannende Herausforderung betrachten ...

- Wissen Sie noch, was Sie in dem betreffenden Moment gedacht haben?
- Wie haben Sie sich verhalten?
- Kommt Ihnen das Verhalten bekannt vor?

- Kommt Ihnen der Tatort bekannt vor?
- Können Sie sich vorstellen, welcher Täter an diesem Tatort seine Hand im Spiel hat?

Lassen Sie sich Zeit beim Beantworten der Fragen. Es ist auch nicht schlimm, wenn Sie manche Fragen nicht beantworten können. Ihr Unterbewusstsein ist trotzdem aktiv, und Ihr Körper und Ihre Gefühle sind dankbar für die geistige Auseinandersetzung mit ihnen.

Kapitel 2
Lernen Sie Ihren inneren Ermittler kennen

Die Bedeutung und die Eigenschaften eines Ermittlers

Können Sie sich einen Kriminalfall ohne einen Ermittler vorstellen, ohne jemanden, der nach Spuren sucht, den Täter aufspürt und überführt und somit wieder für Sicherheit und Ordnung sorgt? Also, ich kann das nicht, und ich glaube auch, dass es sowohl in den Filmen als auch im wahren Leben ohne einen solchen Ermittler chaotisch, unsicher und gefährlich werden würde. Aber fühlt es sich nicht genau so an, wenn wir selbst in Krisen geraten? Da lösen sich plötzlich unsere vertrauten Strukturen auf, und alte, belastende und unangenehme Gefühle werden sichtbar. Wir spüren Schmerz und fühlen uns diesem inneren Chaos hilflos ausgeliefert. In diesen Situationen sehnen wir uns nach einem Freund, einem Helfer, einem Retter in unserer Not.

Als ich bei der Polizei angefangen habe, wollte ich genau das für andere sein. Ich wollte anderen in deren Not helfen und sie dabei unterstützen, einen Weg zu finden, das eigene Leben nicht aus der Hand zu geben – egal, was auch passiert war. Daran glaube ich noch immer, und ich bin davon überzeugt, dass ich anderen durch meine Anteilnahme, durch meine Ermittlungsarbeit, durch meine Anwesenheit helfen kann. Aber was die Beteiligten daraus machen, darauf habe ich keinen Einfluss, das liegt in deren Verantwortung.

Ich war anfangs oft verwundert, warum sich die meisten Betroffenen kaum oder gar nicht freuten, meine Kollegen und mich zu sehen. Sie erwarteten von uns, dass wir alles so wiederherstellen, wie es einmal gewesen war. Aber anstatt auf ihre unerfüllbaren Erwartungen einzugehen, stellten wir ihnen Fragen und konfrontierten sie dadurch mit der Realität. All das, was diese Menschen in diesem Moment nicht wahrhaben oder verdrängen wollten, wurde durch unsere Ermittlungstätigkeit zum Vorschein gebracht. Wir forderten sie förmlich auf, sich ihren Gefühlen zu stellen und sich mit ihnen auseinanderzusetzen. Diese Gefühle empfanden sie – wie fast alle Menschen in Krisensituationen – als unangenehm und belastend. Manche Menschen versuchten, ihre Gefühle auf uns zu projizieren, um sie nicht fühlen zu müssen: »Sie hören mir gar nicht zu. Jetzt machen Sie doch endlich mal etwas und stehen Sie nicht nur herum. Sie sind ja unfreundlich, unfähig.«

Wir verstärkten in dieser Situation nur die Gefühle, die

schon lange in den Betroffenen waren und durch das Ereignis zum Vorschein kamen. Da das kaum ein Betroffener in solch einer Ausnahmesituation erkennen kann, bekommen wir bei unserer Arbeit jede Menge Unmut, Kritik und Wut ab. Würden wir alle Äußerungen unserer Gegenüber persönlich nehmen, dann würden fast alle Ermittlungssituationen eskalieren. Besitzen wir aber die Fähigkeit zu erkennen, dass der andere gerade in seinem Drama feststeckt und dass er mit seiner Äußerung nur eine alte Strategie anwendet, um seinen eigenen Schmerz nicht fühlen zu müssen, dann können wir mit einem gewissen Abstand an die Situation herangehen und mitfühlend sein.

Aus diesem Grund ist es so wichtig, sich Gefühle bewusst zu machen und im gegenwärtigen Augenblick präsent zu sein. Leider fehlt uns in vielen Situationen die nötige Distanz zum Geschehen. Uns fehlt ein objektiver, neutraler Beobachter – ganz einfach ein Ermittler –, der dieses Gefühlschaos in uns objektiv betrachtet, uns aus unseren alten Geschichten heraushholt und uns hilft, zu fühlen und wahrzunehmen. In uns allen steckt solch ein neugieriger Ermittler, der sich zuallererst selbst entdecken muss, ein Ermittler, der es liebt, zu beobachten, wahrzunehmen und zu erkunden. Das kann aufregender und dramatischer als ein Thriller und gleichzeitig liebevoller und lustiger als eine Liebeskomödie sein, denn das Leben bietet die wohl spannendsten Kriminalfälle, in denen es immer Höhe-, Tief- und Wendepunkte gibt – oftmals mit überraschendem Ausgang. Da wir viele Dinge viel zu ernst nehmen, fällt es uns schwer, wirklich präsent und voller Hingabe zu bleiben und auch Rückschritte liebevoll anzunehmen. Aber genau diese Haltung ist so wichtig: eine Verspieltheit im Umgang mit den eigenen Gefühlen.

Unser innerer Ermittler führt uns immer wieder in den gegenwärtigen Augenblick zurück und zeigt uns, welche alten Gedanken und Gefühle uns noch heute abhalten, ein erfüllendes Leben zu führen. Er ist unsere Verbindung zur Gegenwart, zum aktuellen Moment und zu uns selbst. Unser Ermittler zeigt uns, dass wir jedes Gefühl fühlen und aushalten können, wenn wir keine Geschichte um das Gefühl herum erzeugen, sondern es so, wie es ist, einfach spüren. Dann können wir daran wachsen und uns weiterentwickeln. Und wir spüren auch, dass Gefühle wahrhaft in ständiger Bewegung in uns sind, wenn wir nicht an ihnen haften bleiben. Der Ermittler hilft uns auch dabei, alte Erwartungen loszulassen, wie sich beispielsweise andere in einer bestimmten Situation zu verhalten haben. Er lehrt uns, wie wir mit Krisen, Verlust, Trauer, selbst mit Kritik umgehen können. Das kann er, weil er nicht emotional involviert ist. Er unterstützt uns dabei, den Überblick zu behalten bzw. uns nicht in einem Gefühl oder einer Erwartung zu verlieren.

Der Ermittler nimmt alle Hinweise entgegen und ist offen dafür, in alle Richtungen zu ermitteln. Er lässt sich ganz einfach von dem überraschen, was ihn am Tatort erwartet. Das Ermitteln ist ein tägliches Lernen, Wachsen, Vertrauen, Vergeben und Lieben und hört nicht auf, wenn ein Fall erfolgreich abgeschlossen ist und der Täter überführt wurde. Lernen wir, darauf zu vertrauen, dass das Leben einen tieferen Sinn hat, auch wenn er erst Tage, Wochen, Monate später für uns sichtbar wird, dann entspannt sich unser Leben. Wir müssen ganz einfach akzeptieren, dass es in bestimmten Momenten einfach nicht gleich eine heiße Spur gibt und wir Geduld und Durchhaltevermögen benötigen, bis ein Täter überführt werden kann. Manchmal müssen wir auch hinnehmen, dass wir gerade überhaupt keine Ahnung haben, wie unser Leben weitergehen soll, weil die nächsten Schritte noch nicht sichtbar sind. Aber der Mut zur Ungewissheit erzeugt glücklicherweise immer Raum für neue Ideen und unerwartete Wendungen. Neue Erfahrungen, Veränderungen brauchen ganz einfach Zeit im Geist, im Körper und in unserer Seele.

Ein innerer Ermittler ist sozusagen unser ganz persönlicher Teampartner. Er ist immer an unserer Seite und hilft uns, unseren Tätern auf den Fersen zu bleiben. Wir müssen nicht alles allein bewältigen, und außerdem sehen vier Augen bekanntlich mehr als nur zwei. Mit einem inneren Ermittler zusammenzuarbeiten gleicht gewissermaßen einer Partnerschaft, egal, ob diese rein beruflicher oder privater Natur ist. Den Weg mit einer anderen Person zusammen zu gehen, mit einem Teampartner zu arbeiten kann wunderschön sein und gleichzeitig auch die größte Herausforderung darstellen. Denn sobald wir mit einem anderen Menschen in engeren Kontakt treten, kommen mit der Zeit sowohl unsere eigenen Begrenzungen zum Vorschein als auch die unseres Gegenübers. Wer von Ihnen erinnert sich nicht noch an den Beginn einer Ihrer Partnerschaften. Diese Aufregung, diese Nervosität, dieses Kribbeln im Bauch – ah, wie herrlich, und dann der erste Kuss ... Anfangs sehen wir nur die Gemeinsamkeiten, und alles scheint wunderbar zu funktionieren. Wir glauben einander in- und auswendig zu kennen und sind dann später überrascht, wenn Unterschiede zutage treten. Diese Unterschiede machen uns oft Angst, weil wir uns vom anderen auf einmal getäuscht, hintergangen und ausgetrickst fühlen. Unser Bild vom anderen gerät ins Wanken.

Was für Beziehungen im Außen gilt, trifft auch auf unsere Beziehung zu unserem inneren Ermittler zu. Unser Ermittler unterstützt uns und wirkt positiv auf uns ein, gerade in Zeiten, in denen ein Tatort schwer auszuhalten ist. Er kann uns ermutigen, hinzusehen und hinzufühlen. Wir bilden ein Team, eine Einheit. Dabei ist es sehr lohnend, wenn unser innerer Ermittler uns selbst nicht zu ähnlich ist. Denn er soll uns nicht zuletzt auch eine andere Sichtweise und eine neue Herangehensweise vermitteln, die wir uns selbst nie zutrauen oder erlauben würden. So bleiben wir offen für Veränderungen und neue Erkenntnisse. Unser Ermittler sollte also folgerichtig Eigenschaften besitzen, die wir uns selbst nicht zutrauen, aber gern hätten.

In TV-Serien gibt es die unterschiedlichsten Ermittler-Teams, beispielsweise Starsky und Hutch oder Rizzoli & Isles. Starsky ist ein übereifriger und korrekter Polizeibeamter, wohingegen Hutch Regeln und Grenzen nicht so ernst nimmt und sehr entspannt an alles herangeht. Die Polizistin Rizzoli trägt nur Anzüge, macht sich nichts aus weiblichen Accessoires und versteht sich gut mit ihren Kollegen. Die Gerichtsmedizinerin Isles und zugleich beste Freundin von Rizzoli ist dagegen modeinteressiert und hat Probleme in zwischenmenschlichen Beziehungen, weil sie Gefühle analysiert und durch empirische Untersuchungen zu belegen versucht.

Solche unterschiedlichen Charaktereigenschaften und Verhaltensweisen an den Tatorten ausleben zu können kann unendlich viel Freude bereiten, stellt aber zugleich auch eine der größten Herausforderungen dar. Es können Spannungen und Meinungsverschiedenheiten entstehen. Ein innerer Ermittler, der anders ist als wir selbst, besitzt zugleich aber auch das Potenzial, uns zu zeigen, wo es in uns noch ungelöste Fälle gibt. Er ermöglicht uns, unsere eingeschränkte Sicht zu erweitern, innerlich zu wachsen und uns selbst und andere Menschen mit all unseren Schwächen und Stärken mehr und mehr anzunehmen.

Den eigenen Ermittler kreieren bedeutet nicht, eine multiple Persönlichkeit zu entwickeln oder Wahnvorstellungen zu erzeugen. Ganz im Gegenteil: Der Ermittler ist und bleibt eine Art Hilfskonstruktion. Er soll uns helfen, einen gewissen Abstand zu unseren Gefühlen, Gedanken und Verhaltensweisen herzustellen, denn wir sind nicht unsere Gedanken und Gefühle. Sie sind ein Teil von uns, aber wir sind weitaus mehr.

In uns allen steckt noch eine kindliche Neugierde, eine Offenheit, Neues zu erkunden. Der innere Ermittler verkörpert diesen oft in Vergessenheit geratenen Teil in uns. Er soll uns im Umgang mit uns selbst helfen, damit wir nicht so hart mit uns ins Gericht gehen. Dieser weise Persönlichkeitsanteil von uns weiß, wie wichtig es ist, alle Gefühle zu fühlen, ohne sie zu bewerten oder zu verurteilen. Der innere Ermittler fühlt einfach, was gefühlt werden will. Verbringen wir Zeit mit uns selbst, beginnen wir, uns wirklich auf uns selbst einzulassen, dann stellen wir oft erstaunt fest, dass wir nur einen kleinen Teil unserer selbst gelebt und preisgegeben haben. Mit jedem inneren Kriminalfall entdecken wir ein Stückchen mehr von uns, bekommen wir eine genauere Vorstellung dessen, was wir uns von Herzen wünschen, was wir brauchen, was uns Freude bereitet, aber auch dessen, was uns zurückhält. Das Leben und auch wir selbst stecken voller wunderbarer Überraschungen – sie gilt es zu suchen und zu finden. In uns, an unseren Tatorten, liegt der Schlüssel zu unserem Glück versteckt. Können wir endlich anfangen, am richtigen Ort zu suchen, und uns überraschen lassen, um ein erfülltes Leben zu führen?

Bei alledem dürfen Sie sicher sein, dass Ihr innerer Ermittler auch Seiten an Ihnen aufdecken wird, die Ihnen nicht gefallen werden und die Sie nicht sehen wollen. Da werden Sie plötzlich entdecken, dass Sie sich in bestimmten Situationen so verhalten, wie es Ihr Chef oder Ihre Eltern oder Freunde tun – Sie selbst tun genau das, was Sie an anderen immer kritisieren und ihnen vorwerfen. Ihr Ermittler konfrontiert Sie mit Ihren Ängsten, so dass Sie sich anfangs mit den Ermittlungsergebnissen und der Vorgehensweise Ihres Ermittlers vielleicht nicht anfreunden können. Sie sind dann möglicherweise der Meinung, dass er eine falsche Spur verfolgt, auf dem Holzweg ist oder einfach nur sein Handwerk nicht beherrscht. Wenn Sie so richtig sauer auf Ihren inneren Ermittler sind, lohnt es sich, daran zu denken, dass er Sie auch an all die ungeahnten Fertigkeiten und Kräfte erinnert, die Sie so lange nur an anderen bewundert haben. Erlauben Sie Ihrem inneren Ermittler also endlich, an Ihrer Seite und in Ihrem Interesse aktiv zu werden. Sie sind so viel mehr, als es Ihnen Ihr Verstand einzureden versucht, als das Selbstbild, das Sie seit Ihrer Kindheit kreiert haben. Wie oft zweifeln Sie an sich selbst und trauen sich manches gar nicht zu? Ihr innerer Ermittler hilft Ihnen, sich selbst immer besser kennenzulernen, sich täglich mehr und mehr mit allen Teilen Ihrer Persönlichkeit anzunehmen und wertzuschätzen.

FAZIT: Übung, Geduld, Mut, liebevolle Annahme und der Wille, trotz vermeintlicher Rückschläge weiter zu ermitteln, sind die wichtigsten Eigenschaften Ihres inneren Ermittlers. Der Ermittler steht zu dem, was er tut, auch wenn die Lösung eines Falles sich über eine längere Zeit hinzieht. Er weiß ganz einfach, dass der Weg, die Ermittlung als solche, uns oft weiter bringt als die endgültige Lösung des Falles. Er steht uns mit Liebe und Präsenz, mit Rat und Tat zur Seite. Er rüttelt uns wach und ist ehrlich zu uns, auch wenn uns das manchmal nicht gefällt. Lernen wir, ihm zu vertrauen, dann fühlen wir, wie wir innerlich vorankommen. Durch seine Arbeit lernen wir Grenzen zu setzen und Bestätigung und Anerkennung in uns selbst zu finden. Er ist unsere Bereitschaft zur Selbstfindung, die Verbindung zu uns selbst. Unser Ermittler hilft uns dabei, alles, was wir benötigen, in uns zu entdecken, Herausforderungen mit Leichtigkeit und Freude anzugehen und uns selbst so zu lieben, wie wir sind. Mit seiner Hilfe haben wir die Möglichkeit, uns zu entfalten und zu wachsen.

Wir sehen meist in anderen Menschen Fähigkeiten, die wir in uns selbst nicht spüren können. Mit der Hilfe unseres inneren Ermittlers lernen wir, dass wir so viele Fertigkeiten und Fähigkeiten selbst besitzen, die wir uns nie zugetraut hätten. Bei allem, was unser Ermittler tut, geht es ihm lediglich um unser Wohlergehen und die Sichtbarmachung einer objektiveren, größeren Wahrheit.

Das, was unser innerer Ermittler uns geben kann, kann uns keine andere Person geben – es ist die Fähigkeit, die Verantwortung für unser Denken, Handeln und Fühlen zu übernehmen.

Den inneren Ermittler kreieren

Als ich meine innere Ermittlerin kreierte, war ich davon überzeugt, dass ich weder kreativ noch spontan war. Was mir Freude machte, wusste ich zu diesem Zeitpunkt eigentlich auch nicht so recht. Mein Bild von mir war voller Selbstzweifel und Beschränkungen. Deshalb gab ich meiner Ermittlerin viele der Eigenschaften, die ich mir selbst nie zugestand und an anderen immer bewunderte. Ich ließ sie die Kleidungsstücke tragen, die ich besonders gernhabe, und gab ihr den Spitznamen, den ich als kleines Mädchen hatte – Mimi.

Mimi hat mittlerweile schon an zahlreichen inneren Tatorten ermittelt und viele meiner Täter überführt. Meine innere Ermittlerin finde ich ziemlich cool und sexy. Sie trägt eine Strickmütze und eine schwarze Lederjacke, hat immer ein pinkfarbenes Accessoire an sich und eine Sonnenbrille auf. Am liebsten trägt Mimi Jeans, weil sie sie bequem findet und sie viel aushalten. Für mögliche Verfolgungsjagden zu Fuß hat Mimi immer ihre Turnschuhe dabei – gleichzeitig hat sie für den Notfall aber auch ein kleines Schwarzes in der Tasche. Sie ist gründlich in ihrer Vorgehensweise und unorthodox wie Columbo, aber auch sehr einfühlsam, humorvoll, spontan und voller Energie. Sie steckt voller Tatendrang, lässt sich nicht entmutigen und trägt ihr Herz auf der Zunge. Mimi redet gern, sie ist eine richtige Entertainerin und reißt andere mit ihrer offenen, herzlichen Art mit. Sie ist ehrlich, zuverlässig, unglaublich positiv und kann sprichwörtlich »aus Scheiße Gold machen«. Auch wenn sie manchmal mit den Kopf durch die Wand will und verrückte, kreative Ideen hat, muss man sie einfach lieben. Mimi fordert sich selbst und ihr Umfeld täglich heraus und liebt ihrerseits Herausforderungen. Bei allem, was sie macht, ist sie voller Leidenschaft, Hingabe, Mitgefühl und Liebe, und dennoch vergisst sie nie ihre professionelle Objektivität.

> **Übung 5: Erschaffen Sie sich Ihren inneren Ermittler**
> Nehmen Sie sich für diese Übung ca. 20 Minuten Zeit und kreieren Sie Ihren ganz persönlichen inneren Ermittler. Setzen Sie sich bequem hin und schließen Sie die Augen. Bringen Sie Ihre Aufmerksamkeit zuerst in Ihren Körper. Nehmen Sie wahr, wie Sie dasitzen, spüren Sie den Boden unter sich. Fühlen Sie, wie Sie immer tiefer in den Boden hineinsinken und sich so mit der Erde verbinden. Sie werden von der Erde immer getragen – auch wenn es Tage gibt, an denen Sie das Gefühl haben, den Boden unter Ihren Füßen zu verlieren. Richten Sie jetzt Ihre Aufmerksamkeit auf die Bewegung Ihres Atems. Machen Sie sich bewusst, wie Ihr Atem in Sie hinein-

fließt und dann Ihren Körper wieder verlässt. Ihr Atem ist immer da, und das Atmen geschieht, ohne dass Sie dafür etwas tun müssen – einfach so, von ganz allein. Sie können loslassen, sich entspannen. Sie müssen nichts verändern. Jetzt können Sie ohne Anstrengung Ihre Fantasie ansprechen und sie fragen, wie der Ermittler aussehen soll.

- Ist es ein Mann oder eine Frau?
- Ist Ihr Ermittler groß, klein, dick, dünn, jung oder alt?
- Was für Kleidung trägt er oder sie? Trägt er einen Trenchcoat oder eine Lederjacke, Rock und Absatzschuhe, oder ist er doch eher sportlich in Jeans und Turnschuhen unterwegs?
- Welche Charaktereigenschaften besitzt er? Ähnelt er vielleicht Columbo, der überaus gründlich und unorthodox arbeitet, sich für jedes Detail interessiert und dabei viele Fragen stellt und auf diese Weise seine Fälle löst? Oder ist Ihr Ermittler eher wie die Tatortkommissarin Charlotte Lindholm – tough, sachlich und distanziert?
- Welche Eigenschaften besitzt er von Ihnen und welche von einer realen oder fiktiven Person, mit der Sie gern zusammen wären oder zusammenarbeiten?

- Welche Eigenschaften besitzt diese Person, so dass Sie sich in ihrer Gegenwart wohlfühlen?
- Was macht sie besonders für Sie und was unterscheidet sie von Ihnen?

Lassen Sie sich ruhig Zeit und kreieren Sie Ihren Ermittler so, wie Sie sich schon immer einen Ermittler gewünscht haben. Lassen Sie Ihren Ermittler Gestalt annehmen. Erschaffen Sie sich Ihren Ermittler, indem Sie ihm Leben einhauchen und ihn wie eine reale Person mit Charaktereigenschaften ausstatten, die Sie selbst gern hätten bzw. sich selbst nicht zugestehen. Geben Sie ihm alles, wonach sich Ihr Herz sehnt, schließlich sind Ihrer Fantasie keine Grenzen gesetzt. Haben Sie Freude beim Entwerfen. Vergessen Sie nicht, Ihrem Ermittler auch einen Namen zu geben, damit Sie ihn auch anreden können. Machen Sie sich ein genaues Bild von ihm, lernen Sie ihn kennen und lieben, denn Sie werden viel Zeit mit ihm verbringen. Das Leben soll Freude machen, und es macht Freude, wenn wir nicht so verbissen und ernst an alles herangehen. Diese Übung soll Ihnen helfen, zu träumen, kreativ zu sein, eigene Grenzen zu überschreiten. Möglicherweise hält Ihr Verstand Sie für verrückt – dann genießen Sie Ihre »Verrücktheit« in vollen

Zügen und lassen Sie sich davon überraschen, wie befreiend und spaßig »Verrücktheit« sein kann. Machen Sie sich bewusst, dass es hier kein Richtig und kein Falsch gibt. Sie sind der Schöpfer Ihres inneren Ermittlers, der alles sein kann, was Sie wollen. Ihr Ermittler kann sich auch mit der Zeit weiterentwickeln, er darf sich verändern.

Wenn Sie fertig sind, nehmen Sie einige tiefe Atemzüge in Ihren Bauch. Kehren Sie mit Ihrer Aufmerksamkeit zurück in den Raum, in dem Sie sich befinden. Nehmen Sie die Geräusche um sich herum wahr, spüren Sie Ihren Körper, wie er auf dem Boden sitzt. Bewegen Sie langsam Ihre Finger und Zehen. Strecken Sie Ihren Körper ein wenig und öffnen Sie dann langsam in Ihrem Tempo wieder die Augen.

Um meine innere Ermittlerin Mimi besser kennenzulernen, habe ich ein Blind Date mit ihr arrangiert. Ich kam mir dabei im ersten Moment ein wenig bescheuert vor, aber dann ließ ich meiner Fantasie freien Lauf, und es hat riesigen Spaß gemacht. In meiner Fantasie trafen wir uns auf einem Volksfest bzw. in einem Vergnügungspark. Da ich mich selbst früher als schüchtern, ängstlich, wortkarg empfand, wusste ich zunächst gar nichts mit Mimis offener, ehrlicher und redegewandter Art anzufangen. Bei unseren Achterbahnfahrten jauchzte sie vor Freude, während ich froh war, wenn die Fahrten vorbei waren. Ich fand Mimi anfangs ziemlich nervig und anstrengend. Sie ermunterte mich, mich während der Fahrt zurückzulehnen und nicht gegen das wilde Auf und Ab der Achterbahn anzukämpfen. Ich muss gestehen, das war viel entspannender, und ich empfand plötzlich so etwas wie freudige Erregung.

Übrigens habe ich das dann später bei einer realen Achterbahnfahrt ausprobiert. Ich habe tief geatmet, mich zurückgelehnt und versucht loszulassen – und was soll ich Ihnen sagen, das war der Hammer!

Nach und nach konnte ich all die Eigenschaften, die ich Mimi gegeben hatte, auch bei mir selbst feststellen. Mein Selbstbild hat sich seitdem ziemlich verändert, und ich spüre, dass in mir noch so viel mehr steckt, als ich es mir heute vorstellen kann. Mimi ist ein wunderbarer Teil in mir. Sie meldet sich zuverlässig, wenn ich mich wieder einmal selbst einschränke und mir etwas nicht zutraue, und sie ermutigt mich, neue Wege zu gehen. So stehe ich mir immer seltener selbst im Weg.

Übung 6: Blind Date mit Ihrem Ermittler

Nehmen Sie sich für diese Übung zwischen 10 und 20 Minuten Zeit. Setzen Sie sich bequem hin und schließen Sie die Augen. Bringen Sie Ihre Aufmerksamkeit zuerst in Ihren Körper und lassen Sie dann Ihren inneren Ermittler vor Ihrem geistigen Auge auftreten. Machen Sie sich seine Eigenschaften noch einmal bewusst, indem Sie sich seine Stärken und Schwächen vor Augen führen. Dann überlegen Sie, was Ihre eigenen Schwächen und Stärken sind. Falls Ihnen dazu nichts einfällt oder Sie nur Ihre Schwächen sehen, fragen Sie einfach mal Ihre Familie, Freunde oder Arbeitskollegen. Lassen Sie sich von ihnen beschreiben, was Sie besonders gut können und was sie an Ihnen wertschätzen. Möglicherweise macht Ihnen diese Idee erst einmal Angst, aber glauben Sie mir, Sie können unglaublich viel und werden bestimmt positiv überrascht sein, was andere alles an Ihnen lieben. Oft passt das eingeschränkte Bild, das wir von uns selbst haben, gar nicht zu uns und entspricht nicht der Realität.

Wenn Sie dann Ihre Übereinstimmungen und Unterschiede zu Ihrem inneren Ermittler herausgefunden haben, dann spüren Sie nach, wie ein erstes Treffen zwischen Ihnen und Ihrem Ermittler ablaufen könnte. Vielleicht sind Sie beide ziemlich stur und dickköpfig. Dann könnte es möglicherweise schon Probleme geben, einen Ort zu finden, an dem Sie sich treffen können, weil keiner von

Ihnen nachgeben möchte. Oder Sie sind beide sehr offen und kontaktfreudig und lieben es, sich Herausforderungen zu stellen. Überlegen Sie sich, was Sie gemeinsam gut tun können und wo Sie glauben, dass es Probleme geben könnte. Was bräuchten Sie, damit diese Unterschiede kein Problem darstellen? Versuchen Sie, Ihren Ermittler kennenzulernen, indem Sie sich mit seinen Charaktereigenschaften befassen und nachspüren, warum Sie diese Eigenschaften wertschätzen oder ablehnen. Kreieren Sie dazu eine Art Blind Date in Ihrer Fantasie. Finden Sie einen Ort in Ihrer Fantasie, an dem Sie sich mit Ihrem Ermittler treffen, und lernen Sie einander kennen. Haben Sie Freude daran, sich ein Treffen auszumalen: Riechen, fühlen, schmecken Sie das Blind Date.

Und dann, wenn Ihr Blind Date beendet ist, nehmen Sie drei tiefe Atemzüge und bringen Sie Ihre Aufmerksamkeit zurück in den Raum, in dem Sie sind. Nehmen Sie den Boden unter Ihrem Körper wahr und berühren Sie sanft Ihr Gesicht. Schenken Sie sich ein Lächeln, eine Umarmung und machen Sie sich dann bereit, die Übung zu beenden, indem Sie langsam wieder Ihre Augen öffnen.

Den Ermittler mit einem Dienstfahrzeug ausstatten

Wie jeder Ermittler benötigt auch unser innerer Teampartner ein Fahrzeug, um unsere inneren Tatorte schneller erreichen zu können. Bei der Auswahl des Dienstfahrzeuges dürfen Sie sich ganz Ihrer Kreativität hingeben. Das Fahrzeug muss also nicht der Realität entsprechen. Denn, ganz ehrlich: Manche der Fahrzeuge, mit denen ich als Ermittlerin beruflich unterwegs war, waren nicht sonderlich bequem. Einige Autos waren sehr alt und hatten etliche Kilometer auf dem Buckel. Ganz besonders unangenehm waren die Fahrzeuge ohne Klimaanlage. Da waren wir im Sommer bei über 30 Grad mehrere Stunden mit dem Auto unterwegs, ausgestattet mit Dienstpistole, Handfesseln und Schutzweste, und hatten das Gefühl, am Sitz festzukleben bzw. konnten immer wieder auch das Sitzgestell schon spüren, weil die Polster einfach durchgesessen waren. Die neueren Dienstfahrzeuge sind dagegen in Ordnung. Sie verfügen zwar oft nur über sehr wenig Stauraum für all die Sachen, die wir transportieren müssen, aber sie sind deutlich bequemer, um die Einsätze zu fahren.

Also, seien Sie ruhig unrealistisch und verrückt in Ihrer Gestaltung. Es gibt keine Vorschriften, wie das Dienstfahrzeug Ihres inneren Ermittlers auszusehen hat. Sie sollten es nur auf jeden Fall mit Blaulicht und Sirene ausstatten.

Meine Ermittlerin Mimi hat übrigens eine Achterbahn als Dienstfahrzeug – eine pinkfarbene Achterbahn mit blauen Samtsitzen. Der Name meiner Achterbahn lautet »The Goddess rocks«. Zugegeben, das ist schon ein sehr ausgefallenes Transportmittel, aber so ist Mimi eben – einzigartig. Die Achterbahn erinnert mich daran, dass ich alles nicht zu verbissen sehe, meine Ermittlerin mit Freude an die Fälle herangehen lasse und mit mir selbst mitfühlender umgehe. Die Achterbahn fährt durch meinen Körper hindurch, durch meinen Vergnügungspark der Gefühlsgeisterbahnen und Gedankenkarussells. Das Dienstfahrzeug trägt meine Mimi durch Loopings und Kurven und bringt sie sicher zu jedem meiner inneren Tatorte.

FAZIT: Gefällt es Ihnen, Ihren inneren Ermittler und das nötige Drumherum zu kreieren? Das würde mich sehr freuen, denn mir hat es unendlich viel Freude bereitet. Aber vielleicht ergeht es Ihnen auch anders, und Sie fragen sich, warum das Kreieren des inneren Ermittlers nicht ausgereicht hat. Warum muss es jetzt auch noch ein fiktives Fahrzeug sein? Möglicherweise empfinden Sie es als albern, kindlich und zeitaufwendig, sich so etwas auszudenken, und verspüren einen Widerstand dagegen. Vielleicht wollen Sie einfach nur schnell das nötige Handwerkszeug erlernen und rasch zum Ziel kommen.

Aber was ist Ihr Ziel? Anders mit Ihren Gefühlen umzugehen? Gehört dann nicht der Umgang mit Ihrem inneren Widerstand auch dazu? Wann waren Sie zuletzt albern, kindlich und haben sich Zeit fürs »Spielen« genommen, ohne ein konkretes Ziel zu haben? Wann haben Sie das letzte Mal etwas Neues ausprobiert, ohne im Vorhinein ein klares Konzept zu haben?

In unserem Alltag geben wir uns leider nur selten Raum für Kreativität, Verspieltheit, Spontaneität und Leichtigkeit, deshalb machen wir uns auch meist selbst das Leben unnötig schwer. Die kindliche Fähigkeit, zu träumen und einfach Freude am Leben zu haben, besitzen wir aber noch immer. Sie ist nicht mit dem Erwachsenwerden gestorben, wir haben sie nur unter all unseren Aktivitäten und Pflichten vergessen. Indem wir unserem inneren Ermittler Leben einhauchen, ihn vor unserem inneren Auge sichtbar machen und sogar mit einem Fahrzeug ausstatten, erlangen wir Stück für Stück etwas von unserer liebevollen, unschuldigen »Wildheit« zurück. Unsere Fantasie ermöglicht uns, unverrückbar scheinende Grenzen zu verändern, Neues durchzuspielen. Dadurch fassen wir erst den Mut, diese Veränderungen auch in der Wirklichkeit auszuprobieren. Sie haben alle Freiheiten der Welt, nämlich die Freiheit, Sie selbst zu sein. Warum also nicht einfach spontan und kreativ sein und diese

Seite an sich selbst ausleben? Erlauben Sie sich selbst zu »spielen«!

Übung 7: Ein Dienstfahrzeug kreieren und den inneren Ermittler sichtbar machen
Nehmen Sie sich für diese Übung 30 Minuten Zeit. Sie können die Übung, die aus zwei Teilen besteht, aber auch zu unterschiedlichen Zeiten durchführen. Für den ersten Teil brauchen Sie nur einen Ort, an dem Sie es sich bequem machen können. Für den zweiten Teil benötigen Sie Papier, farbige Stifte, eine Schere, einen Klebestift oder Tesafilm und Zeitschriften, die Sie zerschneiden können.

Übung 7, erster Teil: Ein Dienstfahrzeug aussuchen
Finden Sie wieder Ihre bequeme Position und schließen Sie langsam Ihre Augen. Bringen Sie Ihre Aufmerksamkeit auf Ihre Atmung und spüren Sie, wie sich beim Einatmen Ihre Bauchdecke hebt und beim Ausatmen wieder senkt. Sie können den Alltag mit seinen Problemen in diesem Moment loslassen. Ein- und ausatmen, ein- und ausatmen. Es gibt nichts zu kontrollieren, nichts zu verändern. Das Ein- und Ausatmen geschieht von ganz allein,

Sie brauchen dafür nichts zu tun. Während Ihre Atmung von ganz allein passiert, können Sie jetzt Ihre Aufmerksamkeit auf Ihre Verspieltheit, Ihre Kreativität lenken. Fragen Sie Ihr kreatives Zentrum, welches Fahrzeug Ihrem Ermittler besonders gut gefällt. Wie wäre es mit einem Ferrari, einem Helikopter, einem Boot oder gar einer Pferdekutsche? Es ist Ihre Fantasie, Ihr Dienstfahrzeug; Sie können grenzenlos und unrealistisch sein. Stellen Sie sich Ihren Ermittler vor, wie er mit seinem Dienstfahrzeug zu Ihren inneren Tatorten fährt. Überlegen Sie sich, welche Farbe das Fahrzeug hat und wie es innen aussieht. Vielleicht hat es ja einige tolle Gimmicks wie die Autos von James Bond oder Inspektor Gadget. Manche Leute geben ihren Autos Namen. Das können Sie natürlich auch gern mit dem Dienstfahrzeug Ihres Ermittlers machen.

Und damit endet auch schon der erste Teil der Übung. Bringen Sie nun Ihre Aufmerksamkeit wieder zurück in Ihren Körper und in den Raum, in dem Sie sich befinden. Nehmen Sie die Geräusche und Gerüche um sich herum wahr. Atmen Sie einmal tief ein, und beim Ausatmen öffnen Sie langsam Ihre Augen. Willkommen zurück!

Übung 7, zweiter Teil: Ermittler und Dienstfahrzeug visualisieren

Für den zweiten Teil nehmen Sie nun Ihre Mal- und Bastelsachen zur Hand. Nun ist Ihre Kreativität gefragt. Es ist wichtig, dass Sie träumen, Visionen entwickeln und sich diese in Ihrer Fantasie ausmalen. So setzen Sie sich mental und gleichzeitig auch körperlich damit auseinander: Sie fühlen, was Sie denken, und denken, was Sie fühlen. Unser Erleben vertieft sich, wenn wir das, was wir vor unserem inneren Auge sehen, dann in etwas Reales umsetzen. Etwas mit unseren Händen zu erschaffen, indem wir schreiben oder etwas herstellen, kann sehr hilfreich sein, um es intensiv in uns zu fühlen. Es wird real, weil wir es mit unseren Augen sehen können; wir können es anfassen und anderen zeigen. Es ist nicht mehr geheim und nicht mehr nur in unserem Kopf, sondern wird jetzt auch für andere sichtbar. Allein das verändert oft schon vieles, und genau aus diesem Grund sollen Sie Ihren Ermittler malen oder aus Zeitschriften ausschneiden und auf ein Blatt Papier kleben. Natürlich können Sie auch Knete benutzen oder Holz, wenn Ihnen das lieber ist. Mit was auch immer Sie arbeiten möchten, fühlen Sie sich in Ihrer Umsetzung frei und denken

Sie daran, dass Sie kein zweiter van Gogh sein müssen. Es geht nur um die Visualisierung.

Anschließend machen Sie dann das Gleiche für das Dienstfahrzeug Ihres Ermittlers.

Wenn Sie Ihren Ermittler samt Dienstfahrzeug ins Leben gerufen haben, stellen Sie das Bild oder die Figur irgendwo hin, wo es Sie an Ihren mutigen Schritt erinnert, und schenken Sie sich ein Lächeln.

Herzlichen Glückwunsch! Ich hoffe, Sie sind stolz auf sich. Ich bin es auf jeden Fall und gratuliere Ihren von Herzen. Ich wünsche Ihnen und Ihrem Ermittler eine liebevolle Zusammenarbeit.

Kapitel 3
In Kontakt mit Ihrem inneren Ermittler: Machen Sie ein Ritual daraus

Nehmen Sie sich Zeit

Bevor Sie Ihren Ermittler zu einem inneren Tatort schicken, sollten Sie es sich erst einmal irgendwo bequem machen. Stellen Sie sicher, dass Sie sich wirklich und bewusst Zeit für sich und die innere Tatortarbeit nehmen. Um unsere Gedanken, Gefühle und Körperempfindungen wahrnehmen zu können, brauchen wir Zeit und Ruhe. Wir müssen erst einmal in unserem Körper ankommen und unseren Fokus nach innen richten. Im lauten Alltag voller Ablenkungen und äußerer Einflüsse stehen wir häufig unter Stress und Zeitdruck. Unser Fokus ist meist nach außen gerichtet, uns selbst nehmen wir – wenn überhaupt – nur beiläufig wahr. Wir funktionieren einfach irgendwie.

Um mit unserem inneren Ermittler arbeiten zu können, müssen wir den Übergang von außen nach innen vollziehen. Hilfreich dafür ist, wenn Sie im Vorfeld Störfaktoren beseitigen, d. h. Vorkehrungen treffen, damit Sie nicht gestört werden. Aus Filmen kennen Sie alle bestimmt dieses weiß-rote Flatterband, das einen Tatort absperrt und andere Personen fernhält. Versuchen Sie genauso konsequent andere Personen sowie Nebengeräusche von Fernseher, Handy, Telefon, Internet oder andere ablenkende Aktivitäten, die nichts mit der Ermittlungsarbeit zu tun haben, von sich fernzuhalten. So wird ein bewusstes Einlassen auf sich selbst möglich.

Überlegen Sie, an welchem Wochentag und zu welcher Uhrzeit Sie sich die Zeit für sich selbst nehmen wollen und setzen Sie anderen klare Grenzen. »Tut mir leid, aber diese Zeit gehört mir ganz allein.« Stellen Sie sich das als eine Art Ritual vor: der stets gleiche Ablauf für Sie und die Tätigkeit Ihres inneren Ermittlers. Auf diese Weise können sich Ihr Verstand, Ihre Seele und Ihr Körper auf die Tatortarbeit einstellen.

Aus eigener Erfahrung weiß ich, dass dieses Zeit-für-sich-Nehmen zunächst sehr schwerfällt. Vielleicht denken Sie in solchen Momenten, dass Sie etwas Wichtiges im Außen verpassen könnten oder dass jemand ohne Ihre Hilfe verloren wäre. Sind wir es nicht auch längst gewohnt, im Alltag mindestens zwei Dinge gleichzeitig zu tun? Wann nehmen Sie sich wirklich Zeit für nur eine einzige Sache?

Als ich anfing, meine Ermittlerin zu meinen inneren Tatorten zu schicken, ärgerte ich mich immer wieder, dass mein Handy klingelte oder Nachrichten reinflatterten. Ich kam anfangs gar nicht auf die Idee, mein Handy auszuschalten oder auf lautlos zu stellen, und ich schämte mich, anderen von meiner Übung zu erzählen. Als ich den Mut fand, mit einer Freundin darüber zu sprechen, fragte sie mich erstaunt, warum ich das Handy nicht einfach ausmache. Um ehrlich zu sein, war ich auf diese simple Lösung von allein erst einmal nicht gekommen. Vielleicht brauchte ich auch unbewusst jemanden, der mir die Erlaubnis gab, nicht erreichbar zu sein.

Manchmal sind wir so sehr in unserem Alltag gefangen, dass wir selbst die naheliegendsten Dinge nicht bemerken oder uns selbst nicht zugestehen. Uns wirklich Zeit für uns selbst zu nehmen müssen wir oft erst lernen, gerade dann, wenn verurteilende Gedanken und all die Dinge, die wir in dieser Zeit erledigen könnten, in unserem Geist auftauchen. Unsere inneren Widerstände und die damit verbundenen Gefühle sind selten angenehm und werden uns in der Stille erst einmal so richtig bewusst. Das kann schwer auszuhalten sein. Wir wissen nie, was wir entdecken, und diese Ungewissheit wirkt beängstigend. Wie paradox: Im Außen haben wir uns Ruhe verschafft, und im Inneren sind unsere Gedanken und Gefühle in heller Aufregung. Aber glauben Sie mir, das ändert sich mit der Zeit, und Unruhe und Unbehagen machen Platz für Neugierde und Entspanntheit. Es lohnt sich also durchzuhalten.

Weil die Stille anfangs so ungewohnt und beängstigend sein kann, braucht es eine gewisse Struktur, einen Rahmen, den wir selbst füllen können. Je klarer und angenehmer wir es uns machen, umso sicherer und unbeschwerter können wir uns auf uns selbst einlassen. Das Planen und Vorbereiten mag sich vielleicht nicht sonderlich kreativ und freudig anhören. Möglicherweise denken Sie auch, dass all das viel zu strukturiert ist und Sie so etwas nicht benötigen. Sie wollen lieber kreativ sein und sich wie das Blatt im Wind treiben lassen. Ich bin überzeugt, dass wir, um kreativ und im Fluss sein zu können, eine grobe Richtung, eben eine Struktur benötigen, um darin dann völlig aufgehen zu können. Ohne diesen Rahmen verlieren wir uns in alle Richtungen und büßen an Kraft ein. Stellen Sie sich einen Fluss vor, der ohne ein Flussbett, ohne eine Begrenzung, an Volumen verliert und irgendwann austrocknet.

Wir brauchen einen Rahmen, um Dinge wirklich in die Tat umzusetzen. Fragen Sie sich selbst, wie häufig Sie gute Ideen haben, sich selbst etwas vornehmen und es dann doch nicht tun. Manches Mal fühlen wir uns dann zu müde, nicht fit und inspiriert genug, oder uns erscheint der Haushalt urplötzlich wichtiger. Manchmal haben wir auch so viele verschiedene Ideen im Kopf, dass wir gar nicht wissen, was wir zuerst machen sollen, und dann verschieben wir unsere Pläne auf morgen, übermorgen oder noch weiter hinaus. Wie verhalten Sie sich, wenn es darum geht, Sport zu machen, sich eine Auszeit zu gönnen oder sich zu entspannen? Warum machen Sie das oft nicht, obwohl Sie spüren, dass es Ihnen guttun würde? Was denken Sie in solchen Situationen? Was fühlen Sie? Wie verhalten Sie sich meistens? Ist etwas anderes in diesem Moment wirklich wichtiger als Ihr Wohlbefinden, oder stellt das nur eine Ausrede dar?

Schauen Sie sich auch Ihre Motivation zur Ausübung Ihres Berufs an. Warum stehen Sie morgens auf und machen sich für die Arbeit fertig? Warum macht Ihr Körper das mit, und warum fahren Sie zur Arbeit, obwohl Sie lieber im Bett geblieben wären? Sie müssen Geld verdienen? Okay, aber ist es nicht auch so, dass Sie sich mental und körperlich auf Ihre Arbeit einstellen? Stellt Ihr regelmäßiges Arbeiten nicht auch eine Art Ritual dar? Nichts anderes ist dieses Zeit-für-sich-Nehmen für sich selbst. Erforschen Sie Ihre innere Einstellung zu Dingen, die Ihnen guttun und am Herzen liegen, und dann verpflichten Sie sich aufs Zeit-für-sich-Nehmen genauso wie aufs Lebensmitteleinkaufen, Arbeitengehen etc.

Machen Sie daraus eine Art feierliches Ritual, indem Sie sich an bestimmten Tagen für eine vorgegebene Zeit an einem festen Ort hinsetzen und Ihre Aufmerksamkeit nach innen richten. Binden Sie dieses Ritual des Sich-Zeit-Nehmens fest in Ihren Alltag ein und zeigen Sie damit sich selbst und anderen, dass Sie Ihrem Körper, Ihrem Geist und Ihrer Seele Beachtung schenken. Das Ritual soll Ihnen Halt und Orientierung geben. Es soll Ihnen Sicherheit und Geborgenheit vermitteln, indem Sie selbst durch regelmäßige Wiederholung einen routinierten Ablauf erzeugen, der sich Ihrem Rhythmus anpasst. Dieses Sich-Zeit-Nehmen soll ein fester Bestandteil Ihres Lebens werden, denn Sie werden Ihre Augen vor den positiven Auswirkungen dieser kleinen Momente nur für Sie nicht verschließen können. Diese fest eingeplante Zeit hilft Ihnen unter anderem, für sich selbst einzustehen und Grenzen zu setzen. Sich Zeit nur für sich selbst zu nehmen ist ein machtvoller, wichtiger Schritt und gehört dazu, wenn wir lernen wollen, für uns selbst die Verantwortung zu übernehmen.

Die folgenden Fragen helfen Ihnen dabei, einen Teil Ihres Rituals zu kreieren:

- Wie oft in der Woche können Sie sich Zeit für sich selbst nehmen und Ihren Ermittler ungestört an Ihren inneren Tatorten ermitteln lassen?
- An welchen Tagen und zu welcher Uhrzeit können Sie sich diese Zeit nehmen?
- Müssen Sie sich dazu mit jemandem aus Ihrem Umfeld abstimmen bzw. absprechen?
- Wie können Sie sich selbst verpflichten, sich diese Zeit zu nehmen und sie auch einzuhalten?
- Welche innere Einstellung kann Ihnen dabei helfen, Ihr Vorhaben in die Tat umzusetzen?

FAZIT: Es geht wirklich darum, sich Zeit und Raum für sich selbst zu geben und die Verantwortung für das eigene Leben zu übernehmen. Dazu gehört auch, anderen klare Grenzen aufzuzeigen. Das kann anfangs schwierig und auch schmerzhaft sein. Aber wenn wir uns selbst nicht wichtig nehmen und uns Gutes tun, wie können wir dasselbe dann von anderen erwarten? Kümmern wir uns gut um uns selbst, dann ziehen wir auch Menschen in unser Leben, die uns gut behandeln.

Alles, was wir neu lernen, sei es in der Schule, im Beruf oder in der Freizeit, muss regelmäßig wiederholt und ausprobiert werden, damit es leichter funktioniert. Das Sich-Zeit-Nehmen als festes Ritual lehrt unseren Geist, unsere Seele und unseren Körper, dass jetzt Zeit nur für uns ist. Dann fällt uns die Umstellung vom stressigen und lauten Alltag zur Stille leichter, und wir können uns bewusst darauf einstellen. Machen Sie wirklich ein Ritual aus dem Sich-Zeit-Nehmen und betrachten Sie es als einen wöchentlichen »Ich«-Fitnesskurs. So fällt es Ihnen leichter, auch an Tagen durchzuhalten, an denen Sie keine große Lust verspüren, sich mit sich selbst zu befassen. Üben Sie trotzdem oder gerade deshalb, um Ihre Widerstände sichtbar zu machen. Sehen Sie diese Zeit für sich nicht als Zwang an, sondern als eine liebevolle Herausforderung. Keiner zwingt Sie dazu! Wenn Sie in Ihrem Leben etwas verändern wollen, dann wird es Zeit, die Verantwortung für Ihre Entscheidungen und Handlungen zu übernehmen.

Übung 8: Entwerfen Sie Ihr Ritual
Überlegen Sie, an welchem Tag bzw. an welchen Tagen in der Woche Sie sich Zeit für sich und Ihren inneren Ermittler nehmen wollen. Als Nächstes gehen Sie in sich und spüren Sie nach, wie viel Zeit Sie an diesen Tagen für sich selbst zur Verfügung haben bzw. freischaufeln können.

Falls Sie Kinder und/oder einen Partner haben, sprechen Sie diese Zeiten für Ihre Ermittlungsarbeit mit ihnen ab. Schreiben Sie sich Ihre Verabredungen mit sich selbst in Ihren Kalender, so wie Sie es mit Ihren Arztterminen oder anderen Verabredungen machen. Zum einen stellen Sie so sicher, dass diese Zeit auch wirklich Ihnen allein gehört und dass Sie keiner stört. Zum anderen können Sie selbst diese Zeiten nicht vergessen bzw. kommt Ihnen nicht der überaus wichtige Hausputz oder eine andere Ausrede dazwischen. Nehmen Sie sich selbst wichtig. Wertschätzen Sie sich auf diese Weise selbst und gönnen Sie sich mindestens einmal in der Woche Zeit für sich allein. Auch wenn es nur 15 oder 20 Minuten sind – Hauptsache ist, Sie tun es überhaupt.

Kreieren Sie daraus ein regelmäßiges Ritual, indem Sie immer den gleichen Wochentag, die gleiche Uhrzeit nehmen. Das unterstützt Sie selbst dabei, sich daran zu erinnern, und gleichzeitig können sich auch Ihr Körper, Ihr Verstand und Ihre Seele besser darauf einstellen. So wird die Zeit nur für Sie selbst bald zu einem festen Bestandteil Ihres Lebens, auf den Sie hoffentlich nie wieder verzichten wollen.

Schaffen Sie sich einen angenehmen Raum

Mit dem Einplanen der Zeit nur für sich haben Sie schon mal einen großen Schritt unternommen. Herzlichen Glückwunsch! Damit haben Sie den ersten Teil Ihres eigenen Rituals vollbracht, so dass jetzt der zweite Teil folgen kann. Beide Teile zusammen ermöglichen Ihnen, Ihren inneren Ermittler auf die Reise an Ihre inneren Tatorte zu schicken.

Es ist nicht nur wichtig, sich Zeit für sich selbst und seinen inneren Ermittler zu nehmen, sondern auch, dies an einem Ort zu tun, an dem man sich wohlfühlt. Erschaffen Sie sich also eine Umgebung, in der Sie und Ihr Ermittler in Ruhe arbeiten können. Wir alle haben die unterschiedlichsten Vorstellungen von dem, was unser Herz vor Freude hüpfen lässt, was wir gern mögen, schön finden und uns entspannt. Manche von uns lieben Kerzen, Räucherstäbchen, Blumen und andere Accessoires und sitzen gern auf flauschigen Kissen. Andere mögen es lieber schlicht und übersichtlich und lieben es, den Boden unter sich zu spüren. Und wieder andere lieben Statuen oder andere Symbole und sitzen gern auf Yogamatten. Was gefällt also Ihnen?

Mein Büro ist, ehrlich gesagt, ziemlich schlicht und nicht sonderlich schön und bequem, obwohl ich dort viele Stunden meines Lebens verbringe. Ich habe einen

Schreibtisch, einen Stuhl, einen PC, zwei Schränke und ein kleines Sideboard. Dieses Mobiliar ist eine Standardeinrichtung. Um mein Büro ein wenig persönlicher zu gestalten und schöner zu machen, nehme ich ab und zu Rosenblätter mit zur Arbeit und zünde eine Kerze an. Ich habe festgestellt, dass ich mich wohler fühle, wenn ich Dinge um mich habe, die ich schön und inspirierend finde. Dann fällt mir das Arbeiten leichter. Ich schätze, Kerze und Rosenblätter sind ziemlich Polizei-untypisch, aber mir gefällt es, und mein Kollege schmunzelt an diesen Tagen, wenn Tische und Fensterbretter mit Blütenblättern verziert sind. Ich weiß nicht, ob es ihm gefällt oder nicht, aber er akzeptiert mich so, wie ich bin, und dafür bin ich ihm wirklich dankbar.

Weil meine Arbeitsumgebung eher unpersönlich und nüchtern ist, genieße ich es, dass ich mir den Ort, an dem ich Zeit mit meiner inneren Ermittlerin verbringe, selber einrichten kann. Mein Lieblingsplatz in meiner Wohnung ist meine Couch im Wohnzimmer. Dort eingekuschelt in einer Decke zu liegen erzeugt in mir ein Gefühl von Wärme, Sicherheit und Freude. Ich zünde mir dann Kerzen an, manchmal auch Duftkerzen, so dass ein Hauch von Vanille wahrnehmbar ist. Ich stehe total auf Düfte. Daneben liebe ich den Anblick von frischen Blumen. Das Dekorieren meines Ortes ist für mich die Ergänzung meines Rituals. Es hilft mir, mich zu entspannen und mich auf meine Zeit für mich selbst vorzubereiten. Ich sehe es als eine Art kleine, feierliche, wertschätzende Zeremonie für mich selbst ohne Hetzen, ohne Zeitdruck an. Ich gebe mir Zeit, um in meinem Raum und meinem Körper anzukommen. So fällt es mir leichter, mich auf die innere Reise zu meinen Tatorten zu begeben.

Übung 9: Richten Sie den Raum für Ihr Ritual ein
Nehmen Sie sich für diese Übung 5 bis 10 Minuten Zeit. Finden Sie eine angenehme Sitzposition und schließen Sie die Augen. Atmen Sie einige Male tief in den Bauch ein. Nehmen Sie wahr, wie Ihr Atem in Ihren Körper hineinfließt. Jeder Atemzug ist ein neuer, lebendiger Moment. Fühlen Sie, wie sich Ihre Lunge mit frischer Luft füllt. Stellen Sie sich vor, wie beim Ausatmen alles Alte, Verbrauchte aus Ihnen hinausfließt und losgelassen wird. Einatmen und ausatmen, einatmen und ausatmen. Und während Ihre Atmung von allein geschieht, ohne dass Sie sich darum Sorgen machen müssen, können Sie Ihre Aufmerksamkeit auf Ihre Fantasie richten.

Stellen Sie sich nun vor, dass Sie einen Raum, einen Ort für sich kreieren, von dem aus Sie Ihren Ermittler auf Ihre inneren Tatorte schicken können. Fällt Ihnen ein Platz in Ihrer Wohnung oder in der Natur ein, an dem Sie sich wohlfühlen? Möglicherweise fällt Ihnen spontan ein Ort ein, an den Sie sich gern zurückziehen, an dem Sie sich gern aufhalten und ungestört Zeit verbringen können. Dann suchen Sie diesen Ort für die nächsten Übungen dieses Buches regelmäßig auf. Falls Ihnen solch ein Ort nicht einfällt, ist es an der Zeit, ihn sich zu erschaffen. Das ist gar nicht so schwer. Überlegen Sie sich, in welchem Zimmer Ihrer Wohnung Sie sich gern aufhalten und wo Sie gleichzeitig auch ungestört sein können. Falls Sie mit anderen zusammenwohnen, ist es hilfreich, einen Raum zu wählen, an dem Sie die Tür hinter sich zumachen können.

Überlegen Sie sich, ob es Ihnen leichterfällt, die Übungen im Sitzen oder Liegen durchzuführen. Dabei können Decken, Kissen, eine Yogamatte etc. unterstützend sein. Vielleicht möchten Sie auch eine Skulptur oder ein Bild aufstellen und eine Art Altar errichten. Möglicherweise wollen Sie es auch lieber schlicht und ganz einfach halten und nur ein Räucherstäbchen oder eine Kerze anzünden, um dem Raum einen anderen Duft, eine andere Atmosphäre zu geben. Malen Sie sich Ihren Raum, Ihr Ermittlerbüro aus.

Wenn Sie sich dann ein konkretes Bild von diesem Ort gemacht haben, nehmen Sie wieder drei tiefe Atemzüge. Bringen Sie dann Ihre Hände vor Ihrem Brustkorb zusammen und reiben Sie, so schnell Sie können, Ihre Handinnenflächen aneinander. Spüren Sie, wie die Wärme in Ihre Hände fließt. Legen Sie Ihre Handinnenflächen dann behutsam auf Ihre Augen. Anschließend massieren Sie Ihr Gesicht für einen Moment. Dann lassen Sie Ihre Hände von Ihrem Gesicht nach unten wandern und zur Ruhe kommen. Öffnen Sie nun langsam wieder Ihre Augen.

Zusatz: Visualisierung des Ortes

Können Sie mit geöffneten Augen Ihren Raum noch sehen? Dann versuchen Sie doch einmal, diesen Ort, diese angenehme Umgebung für sich wahr werden zu lassen. Besorgen Sie sich, was nötig ist, um Ihre Träume in die Wirklichkeit umzusetzen, und richten Sie sich Ihren Raum ein. Haben Sie Freude daran und seien Sie kreativ.

Wie fühlt es sich an, wenn Sie Ihre Träume wahr werden lassen?

Was sonst noch hilft und unterstützt

Es gibt Tage, an denen wir mehr brauchen als ein Ritual. Da können Gegenstände hilfreich sein, die uns daran erinnern, warum wir uns auf diese Reise begeben haben und diesen Weg immer weitergehen. Manches Mal braucht es auch den Austausch mit einer anderen Person oder eine Schulter zum Anlehnen, die einen daran erinnert, dass man nicht allein ist mit seinen Gefühlen und auch nicht alles allein durchstehen muss. Folgendes kann deshalb hilfreich für Sie sein:

1. Austausch mit anderen
2. klare Grenzen setzen
3. Talisman
4. Altes loslassen
5. Stift und Papier
6. Wohlfühl-Auszeiten

1. Austausch mit anderen: Im Polizeiberuf stellt das Funkgerät die Verbindung vom Ermittler zur polizeilichen Einsatzleitzentrale dar. Dort können andere Dienststellen zur Verstärkung angefordert und Abfragen getätigt werden. Es erfolgt ein Informationsaustausch, so dass beide Stellen wissen, was vor Ort los ist und wo man sich befindet.

Unsere Stimme ist ein Mittel zum Austausch mit anderen Menschen. Wir können uns Gehör verschaffen, uns mitteilen und Fragen stellen. Wir können in Kontakt mit einer anderen Person treten, uns verletzlich zeigen. Gerade in Momenten, in denen wir das Gefühl haben, dass es nicht weitergeht, und uns schrecklich allein fühlen, kann uns eine andere Person Impulse geben und Hilfestellungen anbieten. Diese Person kann ein Freund, ein Kollege, ein Familienmitglied oder aber ein Berater bzw. Therapeut sein. Wichtig ist, dass diese Person Ihnen zuhört, Sie ihr vertrauen und sich einfach mal bei ihr anlehnen können. Lachen und weinen Sie gemeinsam, lassen Sie sich helfen, wieder in den jetzigen Moment zurückzukommen. Sie brauchen nicht alles allein bewältigen. Teilen Sie sich mit Ihren Ängsten, Ihrer Freude, mit allem mit, was Sie bewegt und beschäftigt.

2. *Klare Grenzen setzen:* Als Polizist ist man immer mit einer Dienstpistole ausgestattet. Das Tragen der Pistole wirkt nach außen hin machtvoll, aber hauptsächlich haben wir sie, um lebensbedrohliche Gefahren abwehren zu können.

Ihr Ermittler benötigt keine Pistole, da brauchen Sie keine Angst zu haben. Aber es gibt etwas, was ebenso kraftvoll und schützend ist – Grenzen setzen. Ich habe diesen Punkt schon einmal beim Sich-Zeit-Nehmen angesprochen. Grenzen zu setzen fällt vielen Menschen besonders schwer. Ein klares Nein kann einem anderen unsere Grenzen aufzeigen. Das fällt uns beispielsweise im Umgang mit Familienmitgliedern besonders schwer, aber damit können wir uns vor Überbelastungen und zusätzlichen Stress schützen. Denn dieses Nein bedeutet nicht, dass wir die andere Person ablehnen oder nicht mehr mögen, es ist vielmehr ein Ja zu uns selbst. In diesem Moment kümmern wir uns um uns selbst, und das ist einerseits machtvoll, weil wir für uns einstehen. Anderseits kann das aber auch gefährlich werden, wenn wir unsere Grenzen nicht regelmäßig überprüfen und sie gegebenenfalls neu ausrichten oder wenn wir die Grenzen eines anderen nicht respektieren und sie verletzen. Dann benutzen wir unser Nein als Machtinstrument.

Spüren Sie deshalb in sich hinein, bevor Sie zu jemandem Ja oder Nein sagen. Sie können fühlen, ob Ihr Nein ein wahrhaftiges Nein und damit ein Ja zu sich selbst ist oder nur eine Trotzreaktion, um sich beispielsweise am anderen zu rächen. Ein echtes Nein erzeugt in Ihnen ein Gefühl von Freiheit. Sie können das ganz leicht für sich überprüfen: Wann wurden Sie das letzte Mal um einen Gefallen gebeten und von wem? Sind Sie dem Wunsch des anderen nachgekommen? Wenn ja: Haben Sie das getan, weil Sie sich aus freien Stücken dazu entschieden haben oder eher, weil Sie annahmen, dass das von Ihnen erwartet wurde? Fühlte sich das Ja befreiend an, oder hätten Sie lieber Nein gesagt, weil Sie eigentlich andere, eigene Pläne hatten? Üben Sie sich darin, nachzuspüren und anderen Ihre Grenzen aufzuzeigen. Nehmen Sie alle Gefühle von Scham, Schuld, Wut und Freude in sich wahr, die in diesen Momenten auftauchen. Grenzen setzen erzeugt nicht nur Gefühle in Ihnen, sondern immer auch bei Ihrem Gegenüber. Aus diesem Grund wird die andere Person höchstwahrscheinlich nicht jubeln und Sie in Ihrem Vorhaben unterstützen, was nicht bedeutet, dass Sie etwas falsch gemacht haben. Nehmen Sie das Unverständnis des anderen, seine Wut, die letztlich oft genug Ausdruck von Angst ist, nicht persönlich, sondern haben Sie Mitgefühl. Bleiben Sie aber trotzdem bei Ihren Grenzen – auch wenn es das ein oder andere Mal schwerfallen wird.

3. *Talisman:* Ich trage seit einigen Jahren immer einen Talisman in meiner rechten Hosentasche. Es ist ein kleines Holzkreuz an einer Kette. Es erinnert mich daran, dass ich selbst in der tiefsten Dunkelheit, wenn ich nicht mehr weiterweiß, nicht allein bin, und dass es immer jemanden gibt, der für mich da ist und mir hilft, meinen Weg zu finden, um der Lösung des Falles näher zu kommen. Das kleine Kreuz unterstützt mich dabei, in dieser Situation still zu werden, mich auf mich selbst zu konzentrieren und an mich und das Leben zu glauben.

Ich liebe Symbole und kleine Rituale, und ich halte einen Talisman für wichtig. Er ist ein Gegenstand, der einen daran erinnert, die Verantwortung für das eigene Leben zu übernehmen und der einem immer wieder Mut schenkt, sich neuen Herausforderungen zu stellen. Der Talisman verkörpert den Glauben an sich selbst und möglicherweise auch an etwas Größeres und unterstützt einen dabei, trotz Rückschlägen weiterzumachen.

4. *Altes loslassen:* Altes loszulassen ist wichtig, um Platz und Raum für etwas Neues zu schaffen. Ich selbst entzünde dafür ab und zu zwei unterschiedlich große Kerzen nacheinander. Die erste, dunklere und kleinere Kerze steht für das Alte, das ich loslassen will oder bereits losgelassen habe. Ich schaue in den Kerzenschein, verabschiede mich von dem Alten und puste dann die Kerze aus. Anschließend zünde ich die größere, hellere Kerze an, spreche all meine Wünsche für das Neue ins Licht und lasse die Kerze brennen.

Um Personen, Gegenstände oder Situationen aus der Vergangenheit loszulassen, finde ich es hilfreich, wenn man seine Gedanken, Gefühle, eben alles, was einen dazu beschäftigt, aufschreibt, und zwar als eine Art Brief an die betroffene Person oder Situation. Den Brief kann man dann symbolisch fürs Loslassen verbrennen. Man kann auch das Ablegen eines Gegenstandes zelebrieren.

5. *Stift und Papier:* Stift und Papier braucht jeder Polizeibeamte für Notizen am Tatort und für Vernehmungen, damit sich später die Berichte leichter schreiben lassen. Bei der Polizei haben wir dafür ein kleines gelbes Merkbuch mit der Aufschrift »Sei und bleibe höflich«.

Alles, was Ihr Ermittler entdeckt, kann Sie Ihren inneren Tätern näherbringen. Machen Sie sich gerade anfangs viele Notizen. Sie stellen eine Art Gedächtnisprotokoll für Sie dar. Notizen, Tagebucheinträge oder Briefe unterstützen den Prozess, den Sie mittlerweile in Gang gesetzt haben. Sie lernen unglaublich viel aus dem, was Sie aufschreiben. Notizen frischen Ihre Erinnerung auf, machen Ihnen Glaubenssätze, Wünsche und Gefühle bewusst. Gleichzeitig können Sie anhand Ihrer Notizen Fortschritte leichter erkennen und sehen, was sich verändert hat. Vieles können wir erst deutlich in uns fühlen, wenn wir es uns einige Male bewusst gemacht haben.

6. *Wohlfühl-Auszeiten:* Als ich noch in meiner Dienststelle war, waren wir für drei Bezirke der Stadt zuständig. Da kannte man sich oftmals nicht mit den Straßennamen aus. Ich sowieso nicht, da ich mich eher an Gebäuden und anderen markanten Punkten orientiere. Da wäre ein Navigationsgerät sehr hilfreich gewesen. Aber ein Stadtplan tat auch gute Dienste.

Es wird immer wieder Momente geben, in denen Sie sich selbst unter Druck setzen, sich unsicher und ängstlich fühlen. Sie werden an Ihrem Weg zweifeln und immer mal wieder in alte Muster zurückfallen. Das ist ganz normal und gehört dazu, aber sobald Sie sich einmal auf den Weg gemacht haben, können Sie die Fähigkeit, sich selbst wahr- und anzunehmen, nie wieder komplett verlieren oder verlernen. Um sich selbst wieder in die Spur zu setzen, hilft manches Mal schon eine kurze Auszeit, eine Wohlfühl-Auszeit, um sich selbst wieder zu spüren und den Fokus nach innen zu richten. Nehmen Sie ein heißes Bad bei Kerzenschein oder machen Sie einen Spaziergang in der Natur. Meditieren Sie oder machen Sie Sport. Probieren Sie es aus – je nach Situation kann etwas anderes für Sie wohltuend sein, um den gegenwärtigen Moment bewusst wahrzunehmen. Wenn Sie sich voller Energie fühlen, machen Sie etwas mit Bewegung, und wenn Sie sich erschöpft fühlen, dann gönnen Sie sich etwas Ruhiges. Spüren Sie in sich hinein, um herauszufinden, was jeweils das Richtige für Sie ist.

> **Übung 10: Herausfinden, was Sie unterstützt**
> Nehmen Sie sich für diese Übung ungefähr 15 Minuten Zeit. Bevor Sie mit der Übung anfangen, denken Sie daran, sich wieder Ihre angenehme Umgebung zu erschaffen.
> Stellen Sie sich dann zunächst aufrecht hin und spüren Sie den Boden unter Ihren Füßen. Fühlen Sie Ihre Füße, wie sie fest verankert mit der Erde sind. Die Erde ist für Sie da – immer. Fühlen Sie die unbegrenzte Liebe, die Ihnen entgegengebracht wird. Lassen Sie Ihre Atmung hinunter in Ihre Füße wandern und verbinden Sie sich mit der Erde. Mit jedem Atemzug sinken Sie tiefer in den Boden. Lassen Sie aus Ihren Füßen Wurzeln wachsen, die sich

immer weiter in den Boden strecken. Diese Verbindung ist immer da; Sie werden immer von der Erde gehalten, egal, was gerade passiert, wie Ihr Leben aussieht. Und während Sie die Erde weiter unter sich fühlen, können Sie sich langsam auf den Boden setzen und Ihre Augen schließen. Richten Sie nun Ihre Aufmerksamkeit auf Ihren inneren Ermittler und sich selbst. Überlegen Sie, welche Art von Unterstützung Sie in Ihrem Leben bereits haben. Machen Sie sich bewusst, welche Fertigkeiten oder Fähigkeiten Sie vielleicht schon besitzen, um Ihrem Ermittler die innere Tatortarbeit zu erleichtern. Überlegen Sie sich, welche Personen Sie auf Ihrem Weg unterstützen und ermutigen. Möglicherweise fällt Ihnen dabei auf, dass Sie jemanden oder etwas benötigen. Beantworten Sie für sich die Frage, wo Sie gegebenenfalls diese Hilfe erhalten können.

Vielleicht finden Sie diese Übung gerade schwierig. In diesem Fall können Sie die Übung auch zu einem anderen Zeitpunkt wiederholen. Oft fällt uns beim Ausprobieren, beim Lesen und Lernen auf, was alles schon gut klappt, aber auch, wo wir noch Veränderungen benötigen. Geben Sie sich Zeit, denn nur Sie selbst wissen, was Sie brauchen oder sich wünschen. Lassen Sie Ihren Blick einfach mal über Ihr Umfeld wandern und die Frage in sich wirken, bei wem Sie sich unterstützt und verstanden fühlen bzw. wen Sie um Unterstützung bitten könnten.

Um auch diese Übung zu einem klaren Abschluss zu bringen, bewegen Sie danach langsam Ihren Körper. Recken und strecken Sie sich und öffnen Sie dann behutsam Ihre Augen.

Übung 11: Einen Talisman kreieren
Für diese Übung suchen Sie sich einen realen Gegenstand aus, der für Sie und natürlich dadurch auch für Ihren inneren Ermittler eine positive Bedeutung hat und den Sie in die Hand nehmen können. So können Sie ihn immer bei sich tragen. Ihr Talisman soll Sie daran erinnern, dass Sie nicht allein sind und auch nicht alles allein machen müssen. Welcher Gegenstand verkörpert das für Sie? Vielleicht ist es ein Stein, ein Stofftier, ein Kreuz oder Ähnliches.

Wenn Sie einen Gegenstand gefunden haben, nehmen Sie ihn in die Hand und schließen Sie die Augen. Heißen Sie ihn als Ihren Talisman in Ihrem Leben willkommen. Machen Sie sich die Bedeutung dieses Gegenstandes bewusst, drücken Sie ihn an Ihr Herz. Danken Sie dem Gegenstand, dass er jetzt für Sie da ist, und spüren Sie, wie seine Kraft, seine Liebe in Sie hineinfließt.

Kapitel 4
Ermittlungsstrategien

Ermittlungsstrategien: Der Umgang mit unseren Gefühlen und Gedanken

Der gute Umgang mit unseren Gefühlen, Gedanken und Verhaltensweisen ist nicht leicht. Schnell passiert es, dass wir uns an einem Gedanken festklammern, uns von einem Gefühl vereinnahmen lassen und daraus unsere eigenen, trügerischen Dramen kreieren. Das ist meist schmerzhaft, aber überhaupt nicht schlimm. Vielmehr scheint es ein ganz normaler Bestandteil unseres Weges zu sein. Bemerken wir, was da vor einigen Tagen, vor einer Stunde oder gerade eben in uns geschehen ist, und kommen wir wieder in Kontakt mit uns, dann lernen wir daraus. Möglicherweise ist genau das der tiefere Sinn: Wir lernen, um zu leben, und leben, um zu lernen.

Sie haben inzwischen gelernt, Ihren inneren Ermittler zu kreieren, sich Zeit für sich selbst zu nehmen und einen Raum für sich zu erschaffen. Jetzt möchte ich Ihnen eine Technik zum Umgang mit Ihren Gefühlen und Gedanken zeigen, die auf den ersten Blick einfacher klingen mag, als sie tatsächlich ist. Lassen Sie mich dazu kurz auf die polizeiliche Ausbildung und Praxis eingehen, um die Methode zu verdeutlichen.

Um zu wissen, was ein realer Tatort einem Polizeibeamten alles zeigen kann, lernt man während der Polizeiausbildung, wie man Spuren sucht, erfasst und sichert. Die Spurensuche ist das Ausschau-Halten nach Spuren. Bei der Spurenerfassung geht es um die Wahrnehmung, also um das Bewusstmachen bzw. Sichtbarmachen der Spuren, und die Spurensicherung stellt den angemessenen Umgang mit der Spur dar, damit diese nicht zerstört wird.

In der polizeilichen Praxis stellen Spuren häufig kleinere und größere Herausforderungen dar. Dazu ein kleines Beispiel aus meinem Polizeialltag bei VB I. Es kam häufiger vor, dass wir Geschäftseinbrüche zu bearbeiten hatten, bei denen die Täter durch gekippte Oberlichtfenster, manche in circa zwei Metern Höhe, eingestiegen waren. Natürlich wollte ich an den Fenstern nach Spuren suchen, was jedoch angesichts der Höhe nicht ganz einfach war. Ich benötigte ein Hilfsmittel, beispielsweise eine Leiter, um überhaupt ans Fenster zu gelangen. Darüber hinaus ist es nicht leicht, in dieser Höhe und ohne Abstellfläche mit Rußpulver und Pinsel zu arbeiten. Lassen Sie es dazu noch windig oder regnerisch sein, dann kann das Abkleben der Spur mit der Spurensicherungsfolie schwierig werden.

Es gibt an Tatorten Spuren, die leicht zu übersehen sind oder bei denen – wie gerade beschrieben – die Sicherung schwierig ist. Aber unabhängig davon, ob eine Spur schwer erreichbar ist oder banal erscheint, muss jede gesichert werden, da man vor Ort nie weiß, welche Bedeutung die Spur für den jeweiligen Fall oder vielleicht sogar für andere Fälle haben kann. Die Bedeutung der Spur wird oft erst viel später sichtbar. Es braucht Geduld und ein schrittweises Vorgehen, um Hinweise zum Tatgeschehen und auf den Täter zu erhalten und dessen Vorgehensweise und Motive aufzudecken.

Nachdem Spuren gesucht, erfasst und erfolgreich gesichert wurden, erfolgt die Auswertung. Dazu gehört der Spurenabgleich. Darunter versteht man beispielsweise den Abgleich von einer gesicherten Fingerabdruckspur mit bereits vorhandenen Fingerabdrücken aus einer Datenbank. Es wird überprüft, ob die Spur einer Person zugeordnet werden kann oder ob eine Person möglicherweise auch als Täter ausgeschlossen werden kann. Dieser Abgleich erfolgt in der Praxis durch Fachdienststellen. In Berlin kümmert sich die Kriminaltechnik des Landeskriminalamtes darum. Die Auswertung der Spuren hilft schließlich dabei, einen Täter an einem Tatort zu identifizieren und zu überführen. Aus diesem Grund sind Spuren jeglicher Art für den Ermittler und seine Polizeiarbeit von größter Bedeutung, um der Lösung des Falles näher zukommen. Ohne Spuren, ohne Hinweise können wir einem Täter nicht auf die Schliche kommen.

Auch an unseren inneren Tatorten können wir einer Art Spur folgen. Alle Veränderungen in uns, die sichtbar, fühlbar oder hörbar sind oder erst durch unsere Aufmerksamkeit zum Vorschein kommen, geben uns Hinweise auf unsere tiefsten Ängste. Jede Erfahrung, die wir gemacht haben, hinterlässt Spuren in uns, und zwar in unserer Seele, unserem Geist und unserem Körper. Daraus lernen wir und kreieren Abwehrmechanismen, um uns vor ähnlichen Gefahren, Verletzungen oder Schmerz zu schützen. Wie bereits erwähnt, lösen Personen oder Situationen lediglich ein altes Gefühl in uns aus, das mit einer früher gemachten Erinnerung assoziiert wird. Aber auch Fotos, Gerüche oder reale Orte aktivieren in uns Erinnerungen an bestimmte Erfahrungen. All das hinterlässt Spuren, die in uns wahrnehmbar sind. Unbewusst führen wir immer einen Abgleich durch, der jedoch nur darauf abzielt, Bestätigungen für unsere gemachten Erfahrungen zu sammeln. Wir gehen bei diesem Abgleich subjektiv, selektiv, bewertend und oft auch verurteilend vor – bezogen auf unser Gegenüber oder auf uns selbst. Wir nehmen weder die Spur wirklich wahr, noch erfolgt ein realer Abgleich. Aus diesem Grund müssen wir einen objektiven Umgang mit unseren Spuren erlernen. Unsere Gedanken, Gefühle, Körperempfindungen und Verhaltensmuster geben uns zuverlässig Auskunft über unsere wahren Täter. An jedem unserer inneren Tatorte können wir mit unseren Spuren arbeiten, aus ihnen lernen und so Schritt für Schritt unsere Täter aufspüren und ihnen auf den Fersen bleiben, bis wir sie schließlich dingfest machen können.

Also, was müssen wir konkret erlernen?

Zuallererst müssen wir nach einem Gefühl, einem Gedanken, einer Körperempfindung in uns Ausschau halten und sie erst einmal nur wahrnehmen. Das ist der erste Schritt und zugleich einer der schwierigsten. Gerade in Situationen, die uns wütend machen oder in denen wir uns schämen, wollen wir alles nur schnell verdrängen oder herausschreien. Darum ist es in solchen Situationen schwierig, nach einem Gefühl, einem Gedanken, einer Körperempfindung Ausschau zu halten und das wahrzunehmen, was gerade in uns ist.

Dieses Bewusstmachen bzw. Sichtbarmachen funktioniert meiner Meinung nach anfangs nur zeitversetzt, also nachdem die Situation schon vorbei ist. Aus diesem Grund ist die innere Tatortarbeit zu Hause, in Ruhe am sinnvollsten. Dort kann man sich beispielsweise die betreffende Situation erneut vor Augen führen und darüber nachdenken. Was ist dort geschehen? Welche Gedanken kamen zum Vorschein? Wo im Körper konnte ich etwas spüren? Da wir wirklich alles in uns abspeichern, ist eine solche Spurensuche immer möglich. Durch dieses Nachdenken fällt es uns leichter, das Gefühl, die Gedanken erst einmal wahrzunehmen: »Aha, das habe ich also gedacht. Stimmt, im Bauch hat es gezwickt.« Je öfter Sie das üben, umso leichter fällt Ihnen das Ausschau-Halten und Wahrnehmen, so dass Sie nach einiger Zeit auch in der Lage sein werden, in der betreffenden Situation bereits nach Spuren zu suchen.

Ich verrate Ihnen gerne, dass es selbst nach Jahren der Übung immer mal wieder Momente geben wird, in denen Sie diese Achtsamkeit vergessen. Das passiert uns allen, egal, wie geübt man ist. Haben Sie also mit sich selbst Mitgefühl. Sie können diese Achtsamkeit nie wieder ganz verlieren, nur ab und an eben mal vergessen. Aber es wird Ihnen immer schneller auffallen, wenn das der Fall ist.

Der zweite Schritt ist das Annehmen Ihrer selbst. Unabhängig davon, was Sie denken, fühlen oder wie unangenehm es sich auch in Ihrem Körper anfühlen mag: Nehmen Sie es wahr und an – schließlich ist es ja schon da. Warum wollen Sie es verleugnen oder verdrängen? Was kann schon passieren, wenn Sie sich Ihre Gedanken, Gefühle eingestehen? Sie müssen und brauchen sie nicht gut zu finden; es geht nur darum zu akzeptieren, dass Sie gerade so fühlen, wie Sie fühlen, und dass Sie diese Gedanken haben.

Oft finden wir ein Gefühl unpassend oder störend, unsere Gedanken falsch oder erschreckend. Möglicherweise schämen wir uns, dass wir solche Gedanken haben oder in einer bestimmten Situation keine Freude empfinden, obwohl wir nach unserer Vorstellung glücklich sein müssten. Dabei verkennen wir, dass hinter alledem unsere unterschiedlichen Ängste stehen. Das Gefühl, die Gedanken, selbst unser Verhalten empfinden wir nur als unangenehm und schmerzlich, weil wir sie bewerten und verurteilen. Unsere Einteilung in gut oder schlecht, richtig oder falsch erzeugt Widerstand und Ablehnung gegen das, was schon da ist. Dadurch wird es nicht besser.

Wenn Sie einen Strafzettel wegen Falschparkens erhalten haben, weil Sie keinen Parkschein gezogen haben, ärgern Sie sich möglicherweise maßlos und fragen sich, warum Sie keinen Parkschein bezahlt haben oder nicht früher zum Auto zurückgekommen sind oder warum die Damen und Herren vom Ordnungsamt nichts Besseres zu tun haben. Dann nehmen Sie diese Gedanken wahr. Gedacht ist gedacht, das können Sie nicht rückgängig machen, aber versuchen Sie, Ihre Gedanken nicht zu bewerten. Versuchen Sie auch, das Gefühl, das diesen Gedanken zugrunde liegt, wahr- und anzunehmen. Vielleicht fühlen Sie sich schuldig, weil Sie das Gefühl haben, etwas falsch gemacht zu haben. Möglicherweise schämen Sie sich auch. Sie haben keinen Parkschein gekauft, okay, das können Sie in dieser Situation nicht mehr ändern. Gehen Sie mit sich selbst nicht zu hart ins Gericht, bringen Sie Mitgefühl für sich auf.

Annahme bedeutet, dass wir uns erlauben, so zu fühlen, so zu denken, wie wir es gerade tun – losgelöst von richtig oder falsch, angemessen oder unangemessen.

Da Geist, Seele und Körper eine Einheit bilden, ist es wichtig, dass wir uns nicht nur mental annehmen, sondern auch unseren Körper mit einbeziehen. Unsere Gefühle nehmen wir ohnehin in unserem Körper wahr, wobei sie sich auf verschiedene Arten ausdrücken bzw. zu Wort melden.

Aus diesem Grund benötigen wir in unterschiedlichen Situationen auch unterschiedliche Methoden, um mit unseren Gefühlen umzugehen und sie anzunehmen. Das ist herausfordernd, gerade wenn Sie sich wütend fühlen und in Ihnen viel Energie freigesetzt wird. Oft wissen wir dann nämlich nicht, wie wir mit der überschüssigen Energie in uns umgehen, geschweige denn sie annehmen sollen. Diese plötzliche Energie in uns verwirrt uns, sie stört, und wir wollen sie meist nur schnell wieder loswerden. Dann brüllen, schreien oder toben wir. Bei plötzlich auftretender, überschüssiger Energie kann es hilfreich sein, sich mit der Energie zu bewegen. Gehen Sie in solchen Situationen spazieren, treiben Sie Sport, nehmen Sie sich einen Sandsack oder ein widerstandsfähiges Stofftier und hauen Sie mal so richtig drauf. Nutzen Sie Ihre Energie auf eine neue Art und Weise.

In anderen Situationen fühlen Sie sich hingegen leblos, kraftlos und total erschöpft. Wenn Sie versuchen, das Gefühl durch Bewegung zu verdrängen oder wenn Sie sich diesem Gefühl komplett unterwerfen, dann kann es an Intensität zunehmen, was im Endeffekt schmerzhafter ist. Fühlen Sie sich leblos oder erstarrt, kann Körperkontakt helfen. Berühren Sie sich selbst, reiben Sie Ihre Hände aneinander, streicheln Sie sich über Ihre Arme, umarmen Sie sich selbst. Um Ihrem Körper ein Gefühl von Sicherheit, Wärme, Liebe und Zuneigung zu geben, sind Sie nicht auf die Berührung durch einen anderen Menschen angewiesen. Manchmal benötigen wir Ruhe und Wärme, um dieses Gefühl wieder in Fluss zu bringen. Hören Sie Ihrem Körper zu, denn er weiß meist am besten, was er gerade benötigt.

FAZIT: Wir speichern Erfahrungen und Erinnerungen in uns ab. Das führt dazu, dass alles, was wir über unsere Sinnesorgane wahrnehmen – seien es Kontakte mit anderen, Fotos, Gerüche, Briefe oder auch Worte –, alte Erlebnisse aktiviert. Diese Aktivierung kann in uns Gedanken, Gefühle und Verhaltensweisen bzw. Körperreaktionen hervorrufen. Wenn er unbewusst abläuft, ist dieser Vorgang dem Dominospiel vergleichbar – ein Stein fällt um, und die anderen folgen automatisch.

Machen wir uns aber bewusst, was wir gerade fühlen, was für Gedanken wir in diesem Moment haben und wie wir in der Situation gerade reagiert haben, dann unterbrechen wir diesen Dominoeffekt und können neugierig alles in uns als hilfreiche Spuren betrachten. Jede Spur, mag sie auch noch so klein und unbedeutend erscheinen, kann uns Hinweise auf unsere Täter geben. Durch sie können wir unseren Ängsten auf die Schliche kommen, ihnen auf den Fersen bleiben und sie schließlich überführen. Wir haben so die Möglichkeit, freier und bewusster mit ihnen und damit mit uns selbst und anderen umzugehen. Bewusstmachung heißt wahrzunehmen, was in einem ist, unabhängig davon, ob es einem gefällt oder nicht. Das ist wirklich der bedeutendste und schwerste Schritt von allen: sichtbar machen, was in uns los ist, und das aushalten.

Wichtig ist auch anzuerkennen, dass die Gefühle, Gedanken schon in einem sind und es nichts bringt, sie zu verdrängen oder zu beurteilen, weil der Gedanke schon gedacht, das Gefühl gefühlt wurde und sich längst in unserem Körper bemerkbar gemacht hat. Das ist Annahme. Und es ist der Durchbruch zu einem bewussteren, einfühlsameren, alles verändernden Leben.

Alles ist schon da, ob wir es wollen oder nicht. Lernen wir uns so anzunehmen, wie wir sind, nämlich mit unseren Schwächen und Stärken, dann erlernen wir einen neuen Umgang mit uns selbst.

In vielen Situationen bei der Arbeit oder auch in meinem Privatleben kann ich mittlerweile immer besser im gegenwärtigen Moment bleiben und mich in der Situation beobachten und spüren. Im Umgang mit meinen Eltern oder meiner Schwester verliere ich mich immer mal wieder. Dann bin ich besonders dankbar für die anschließende Zeit allein mit meiner Ermittlerin, um zu reflektieren und mich im Nachhinein annehmen zu können.

Gerade wenn das Gefühl von Wut in mir aktiviert wird, entwickelt sich aus einer kleinen Flamme rasend schnell ein gigantischer Feuerball, der sich in meinem gesamten Körper ausbreitet. Das Gefühl, das meiner Wut in diesen Situationen zugrunde liegt, ist eine tiefe Hilflosigkeit und die Angst, etwas falsch gemacht zu haben. Diese Angst ist für mich nur schwer aushaltbar. Ich spüre so viel Energie in mir aufsteigen, dass mir richtig heiß wird und ich nicht weiß, wie ich diese Energie sinnvoll nutzen kann. Anstatt aber das Gefühl und meine Gedanken in diesen Augenblicken wahrzunehmen und anzuerkennen, passiert es mir gerade im Umgang mit meinen Eltern, dass Worte meinen Mund verlassen, die nicht in diesem Ton gemeint sind, und auch mein Verhalten ist dann nicht mehr bewusst gesteuert. Ich verliere dann teilweise oder vollständig den Kontakt zu mir selbst, und es kostet mich viel Kraft, die Verbindung zu mir wiederherzustellen. Das ist jedes Mal aufs Neue eine große Herausforderung. Manches Mal schaffe ich es auch in diesen Situationen, mir Raum zu geben, meine Gefühle in Worte zu fassen und meinen Eltern zu sagen, wie ich mich fühle. Oder ich bewege mich mit der frei werdenden Energie und laufe eine Runde, tanze oder gehe auf die Toilette und schüttle mich bzw. mache eine Lifedancing-Übung, die sogenannte Erdung. Dabei arbeitet man mit Bewegung, Atmung und Aufmerksamkeit, um sich wieder mit der Erde zu verbinden bzw. den Kontakt zum Boden und sich selbst wieder bewusst zu machen.

Vor einiger Zeit hatte ich bei der Arbeit eine verbale Auseinandersetzung mit einem Kollegen. Mit diesem Kollegen hatte ich schon das ein oder andere Mal zuvor Schwierigkeiten gehabt. Ich weiß nicht mehr, wie es dazu kam, aber plötzlich fing er an, mich zu beleidigen und anzuschreien. Hatte ich mich zuvor noch richtig gut gefühlt, war es damit in diesem Moment vorbei. Zuerst war ich total überrascht, fühlte mich gekränkt, und dann tauchte diese riesige Wut in mir auf. Plötzlich glühte ich innerlich und fühlte mich mit Energie geladen. Diese Energie erschreckte mich gleichzeitig auch, weil ich Angst hatte, meinen Kollegen zu verletzen, wenn ich sie aus mir herauslassen würde. Ich war so wütend über seine Beleidigungen, fühlte mich ungerecht behandelt und verletzt. Ich nahm meine Wut wahr, wie sie meinen gesamten Körper in Besitz nahm und dieser anfing, sich zu erwärmen. Meine Wangen wurden richtig heiß und rot, mein Denken war fast ausschließlich auf meine Wut gerichtet. Meine Gedanken in diesem Moment waren: »Lass dir das nicht gefallen, sei stark und kämpfe. Schreie zurück und verletze ihn mit Worten. So ein A...! So geht der nicht mit mir um!« Einige wenige Worte meines Kollegen reichten aus, um all das in mir sichtbar zu machen.

Mit Hilfe meiner inneren Ermittlerin konnte ich diesem Feuer standhalten und es fühlen. Sie half mir, meinem Kollegen in einem klaren, sachlichen Ton zu sagen, dass ich mich so nicht behandeln lasse. Ich entschied mich bewusst, diese Situation zu verlassen. Anschließend ging ich auf die Damentoilette und bewegte mich erst einmal ein wenig, um die Energie in meinem Körper fließen zu lassen.

> **Übung 12: Tanz der Gefühle**
> Für diese Übung benötigen Sie ein wenig Platz, um sich bewegen zu können, und natürlich Musik.
>
> Im Unterkapitel »Der Ursprung unserer belastenden Gefühle und warum wir unbewusst an ihnen festhalten« (S. 50) habe ich den »Gefühlsregenbogen« von Chameli Ardagh angesprochen, der der folgenden Übung zugrunde liegt.
>
> Stellen Sie sich eine Liste mit Liedern zusammen. Jedes Lied soll ein Gefühl für Sie widerspiegeln. Suchen Sie sich beispielsweise Lieder für die Gefühle von Trauer, Wut, Freude und Liebe aus. Das Lied für Wut sollte demnach aggressiv und provozierend auf Sie wirken, wohingegen das Lied für Liebe sanft und weich sein sollte.
>
> Wenn Sie sich Ihre Musiktitel so zusammengestellt haben, dass Sie sie abspielen können, kann es schon fast losgehen. Legen Sie sich noch Papier und Stift in greifbare Nähe, damit Sie Ihre Erfahrungen festhalten können. Diese Übung können Sie natürlich mit jedem Gefühl ausprobieren. Die Musik hat dabei nur unterstützenden Charakter, so dass Sie sich mental nicht auf eine Situation

einlassen müssen, um das Gefühl in sich zum Vorschein zu bringen.

Nach jedem Lied schließen Sie kurz die Augen, spüren sich und Ihren Körper und lassen sich dann vom nächsten Gefühl bewusst zum Tanz einladen.

Ich habe für Sie hier einige Lieder und Interpreten zusammengestellt, die für mich ein bestimmtes Gefühl gut verkörpern. Viel Freude beim Ausprobieren oder viel Spaß beim Selbstaussuchen Ihrer Musik!

Arroganz: The Ace of Space – Sola Rosa, Cüs Junge – Fler & Muhabbet
Demut: Aad Guray – Deva Premal, Arati – Rasa
Unwürdigkeit/Scham: Brandon – Harry Escott, Incomplete – Backstreet Boys
Stolz: I Am Woman – Jordin Sparks, Roar – Katy Perry
Trauer: Angel – Sarah McLachlan, Dance with My Father – Luther Vandross
Freude: Happy – C2C feat. Derek Martin, Happy – Pharrell Williams
Wut/Hass: All These Things I Hate – Bullet for my Valentine, Phat Planet – Leftfield
Liebe/Leidenschaft: La Gloria – Gotan Project, My Love Is Your Love – Whitney Houston

Kann es losgehen?

Dann lassen Sie die Musik beginnen und geben Sie sich dem Gefühl ganz hin. Lassen Sie Ihren inneren Ermittler beobachten und wahrnehmen, was in Ihnen geschieht. Nehmen Sie wahr, wie sich die Emotion in Ihnen anfühlt und wo Sie sie in Ihrem Körper bewusst spüren können. Machen Sie sich die Körperempfindung bewusst und all die Gedanken, die sich in diesem Zusammenhang ergeben.

- Was fühlen Sie?
- Wo können Sie das Gefühl in Ihrem Körper spüren?
- Wie fühlt sich das Gefühl im Körper an?
- Ist es eine Beklemmung in der Brust, oder schmerzt der Nacken? Wird Ihnen warm oder kalt?
- Welche Gedanken tauchen im Zusammenhang mit dem Gefühl auf?

Lassen Sie Ihren Ermittler alles einfach nur wahrnehmen, und wenn das Lied zu Ende ist, dann halten Sie die Musik kurz an. Schließen Sie die Augen, legen Sie eine Hand auf Ihren Brustkorb und die andere Hand auf Ihren Bauch und spüren Sie noch einmal nach.

Schütteln Sie Ihre Arme und Beine aus und wackeln Sie mit dem Po. Nehmen Sie einen tiefen Atemzug und lassen Sie dann das Gefühl los. Sie können bewusst jedes Gefühl einfach wieder loslassen. Hilfreich ist dabei, wenn Sie Ihre Aufmerksamkeit für einige Augenblicke auf Ihre Atmung lenken. Und dann geht es weiter zum nächsten Lied mit einem neuen Gefühl. Schenken Sie dem nächsten Gefühl einen leidenschaftlichen Tanz mit sich.

Wenn Sie jedem Gefühl so begegnet sind, dann machen Sie sich am Ende Notizen zu den Ermittlungen. Schreiben Sie auf, was zu jedem einzelnen Gefühl sichtbar wurde, und sehen Sie sich die Unterschiede und Gemeinsamkeiten an.

Unsere Zeugen: Der Umgang mit unseren Gedanken und Glaubenssätzen

Sie haben bestimmt schon im Fernsehen gesehen, wie ein Ermittler oder ein Polizist eine andere Person vernimmt. Dabei bedient er sich – gerade im Fernsehen – oftmals zweifelhafter und strafbarer Methoden. Da werden Personen belogen, geschlagen, mit einer Lampe geblendet, und meist spielt einer den guten und der andere den bösen Polizisten. Die Vernehmungen sind alle recht kurz und führen fast immer zu einem Geständnis.

In der Praxis laufen Vernehmungen glücklicherweise anders ab. Meist sind sie sehr unspektakulär und friedlich. Da gibt es weder eine Aufteilung in »guter« und »böser« Polizist noch Gewaltanwendungen oder falsche Versprechungen von unserer Seite. Die Vernehmungen mit Zeugen dauern meist auch länger als mit Beschuldigten, weil sich diese nicht äußern müssen. Als Zeuge kommen die unterschiedlichsten Menschen in Betracht. Ich habe Vernehmungen immer geliebt, weil man dabei einen kleinen Einblick in die Welt der Person erhielt, die einem gegenübersaß. Spannend war es immer, wenn man zwei Zeugen zu einer Tat hatte und mitbekam, wie unterschiedlich jede Person dieses Ereignis erlebt hatte und woran sie sich erinnern konnte. Dabei hängt einiges davon ab, wie alt der Zeuge ist, worauf er sein Augenmerk gelegt hat und wie gut er sich ausdrücken kann. Mit Kindern kann man keine wirkliche Vernehmung durchführen. Das Zeugengespräch mit ihnen wird »Anhörung« genannt, und man benötigt viel Geduld und Verständnis, weil sie noch kein richtiges Zeitgefühl entwickelt haben und viele Fragen nicht verstehen bzw. diese kindgerecht gestellt werden müssen. Auch mit älteren Menschen können Vernehmungen für den Vernehmenden anstrengend werden, weil einige sich sehr freuen, endlich jemanden gefunden zu haben, der ihnen einmal zuhört. Zum anderen fällt es auch ihnen häufig schwer, auf Fragen zu antworten – und sei es nur, weil ihr Gehör nicht mehr das allerbeste ist. Daneben gerät man auch an Zeugen, die der Polizei gegenüber nichts sagen wollen, manchmal auch lügen, was die unterschiedlichsten Gründe haben kann. Zeugenvernehmungen sind einfach spannend, abwechslungsreich und unglaublich lehrreich, und wenn sie nur dazu dienen, sich selbst in Geduld und im Zuhören zu üben.

Unter einem Zeugen versteht man eine Person, die durch eigene Wahrnehmung Angaben zu einem Sachverhalt machen und damit zur Aufklärung beitragen kann. Dabei gibt diese Person ihre Sinneswahrnehmungen wieder und schildert ihre persönliche Wahrheit, die auf ihrer Sichtweise der Situation beruht. In jede Zeugenaussage fließen Erfahrungen ein, die der jeweilige Mensch in seinem Leben gemacht hat und aufgrund derer er das Geschehen bewertet und interpretiert. Ein Zeuge kann oft nützliche Hinweise zum Geschehen geben, wobei er selbst auch Opfer der Tat sein kann. Wir haben keinen Einfluss darauf, mit welchem Zeugen wir es zu tun haben, aber wir haben Einfluss darauf, wie wir mit ihm umgehen.

Reale Personen können auch für unsere inneren Tatorte als sichtbare Zeugen fungieren, weil sie uns Impulse geben und uns ihre Sichtweisen vermitteln. Dadurch rufen sie in uns Gedanken hervor, mit denen wir dann arbeiten können. An unseren inneren Tatorten wollen wir uns aber vor allem auch mit folgenden Zeugen befassen: unseren Gedanken und Glaubenssätzen.

In uns gibt es viele Gedanken und Glaubenssätze wie: »Lass es sein, du hast es versucht, es hat aber nicht geklappt. Es ist seine Schuld.« – »Ich bin nicht schön.« – »Ich bin nicht gut genug.« – »Ich verdiene es nicht anders.« – »Das Leben ist eben ungerecht und schwer.« Diese Aussagen können uns und unserem inneren Ermittler Hinweise auf unsere tief verwurzelten Ängste und Lebenseinstellungen geben. Allerdings ist es nicht immer leicht, sie zu erkennen.

Genau wie bei einer realen Vernehmung sind auch Zeugen – unsere Gedanken über uns selbst – gegenüber unserem inneren Ermittler nicht immer freundlich und positiv eingestellt. Manches von dem, was wir denken, ist hilfreich und fördernd, anderes hingegen ist eher manipulativ, abwehrend und ablehnend. Unabhängig davon, ob unsere Gedanken uns einreden wollen, dass wir etwas nicht schaffen können, oder uns ermutigen weiterzumachen, können wir durch sie unseren Tätern näherkommen. Machen wir uns manipulierende Aussagen nicht bewusst, entsteht ein falsches Bild von uns selbst und dem Leben. Das kann dann zu Spannungen und Schmerz führen. Machen wir uns hingegen bewusst, was wir jeden Tag über uns selbst, andere, das Leben denken, dann spüren wir auch in uns, welche unserer Gedanken unserem Herzen entspringen und welche auf unserer Angst beruhen. Diese uns einschränkenden, manipulativen Gedanken kann man auch als innere Widerstände bezeichnen. Ihre Aussagen entsprechen nicht der Realität, sondern sind irgendwann in unserer Kindheit entstanden und beruhen auf damals gemachten Erfahrungen. Sie stammen also aus unserer Vergangenheit und haben keinen wirklichen Bezug zu unserer gegenwärtigen Realität. Sie lassen uns in einer Illusion leben, wenn wir ihnen glauben und nach ihnen handeln.

Unsere Gedanken machen das nicht, weil sie uns absichtlich schaden wollen. Eigentlich stehen unsere inneren Widerstände nur für die Angst vor Veränderungen. Sie weisen darauf hin, dass uns als Kind vergleichbare Situationen erschreckt haben und sollen weiteres Leid verhindern. Sie blockieren die Alternative, dass wir mittlerweile weitaus mehr Möglichkeiten haben, um mit Situationen umzugehen und unsere Gefühle auszuhalten. Wir sind nicht mehr abhängig von der Unterstützung, Zuwendung und Liebe unserer Eltern oder anderer Personen. Da unsere abwehrenden Gedanken jedoch eine Auseinandersetzung mit dem aktuellen Geschehen vermeiden, verhindern sie unsere Weiterentwicklung und neue Erfahrungen. Diese Zeugen schildern unserem inneren Ermittler Erinnerungen oder Zukunftsvermutungen, die auf längst überholten Erfahrungen und Ansichten beruhen. Nichtsdestotrotz können wir gerade von ihnen am meisten über uns lernen. Sie geben unserem Ermittler die wichtigsten und entscheidendsten Hinweise.

Wir können uns unsere Gedanken und Glaubenssätze nicht aussuchen, aber je mehr wir sie uns bewusst machen und je mehr Mitgefühl, Verständnis und Aufgeschlossenheit wir ihnen entgegenbringen, desto mehr können wir aus ihnen lernen und neue Glaubenssätze und Gedanken kreieren.

FAZIT: Alles, was etwas in uns aktiviert, spielt eine Rolle. Oft erkennen wir den Zusammenhang erst viel später. Aber nichts passiert ohne Grund. Jeder einzelne Moment unseres Lebens bietet uns die Chance für persönliches Wachstum und bereichert uns – die angenehmen wie die weniger angenehmen Momente. Da unsere Gedanken von unseren Erfahrungen geprägt werden, spiegeln sie leider nicht immer die Realität wider. Sie entspringen ein ums andere Mal einer Illusion, einer falschen Annahme. Diese Gedanken verursachen Schmerz, Leid und Angst in uns und lassen sich deshalb leicht als innerer Widerstand identifizieren. Wahre Gedanken erzeugen innere Freiheit und Ruhe. Je mehr Übung wir beim Identifizieren unserer Glaubenssätze haben, desto mehr Entscheidungs- und Handlungsfreiheit erlangen wir, denn wir lernen dadurch, Illusionen loszulassen und mehr in der Gegenwart zu leben.

An unseren Gedanken und Glaubenssätzen ist nichts falsch, sie fügen uns nicht absichtlich Schmerzen zu. Ihre Intention ist eine gute, sie wollen uns schützen. Und ganz ehrlich, was wären wir ohne sie und unseren Verstand? Gedanken und Glaubenssätze anzunehmen ist wichtig – aber das heißt eben nicht, dass wir ihnen alles glauben müssen und dass sie wahr sind. Wir können sie wahrnehmen, beobachten und annehmen. Annehmen heißt dabei nur, sie nicht zu verurteilen oder zu bewerten, beispielsweise als schlechte Gedanken, die wir nicht denken wollen. Annahme bedeutet, dass ich zu mir sage: »Okay, das denke ich also gerade über mich, andere Personen und das Leben.« Die Annahme dessen, was im gegenwärtigen Moment gefühlt, gedacht oder gespürt wird, verändert unsere Sicht auf das Leben.

Alle unsere Gedanken und Glaubenssätze geben uns Hinweise auf unsere Ängste. Sie sind wertvolle Zeugen für unsere innere Ermittlung, die wir mit Respekt und Achtung betrachten sollten.

Übung 13: Gefühle, Gedanken, Körperempfindungen bewusst machen

Nehmen Sie sich ungefähr 20 Minuten Zeit und machen Sie es sich wieder in Ihrem Raum gemütlich. Schließen Sie dann Ihre Augen. Atmen Sie tief ein und aus. Wiederholen Sie das einige Male und bringen Sie Ihre Aufmerksamkeit dann zu Ihrem inneren Ermittler. Lassen Sie Ihren Ermittler vor Ihrem inneren Auge erscheinen, indem Sie ihn mit seinem Namen ansprechen. Heißen Sie diesen weisen und objektiven Teil in sich willkommen, und dann lassen Sie Ihren Ermittler mit seinem Dienstfahrzeug losfahren. Erlauben Sie ihm, sich mit offenen Augen durch Ihren Körper zu bewegen. Fangen Sie in Ihren Füßen an, bleiben Sie dort einen Moment und dann lassen Sie Ihren Ermittler Körperteil für Körperteil nach oben fahren, bis er in Ihrem Kopf angekommen ist. Von dort lassen Sie ihn Körperteil für Körperteil wieder bis in Ihre Füße hinunterfahren. Halten Sie in jedem Körperteil einen Moment an, schenken Sie ihm Ihre Aufmerksamkeit. Fühlen Sie Ihren Körper und nehmen Sie einfach wahr.

Die folgenden Fragen können Ihnen dabei helfen:

- Was denken Sie in diesem Moment?
- Worum drehen sich Ihre Gedanken, wenn Sie sich in diesem Teil Ihres Körpers befinden?
- Welche Glaubenssätze über sich selbst haben Sie?
- Welche Glaubenssätze über den betroffenen Körperteil haben Sie?
- Welche Körperempfindungen stellen sich dabei ein?
- Was denken Sie über Ihren Körper?

Machen Sie sich bewusst, was Sie über jeden Ihrer Körperteile denken. Spüren Sie, wie sich Ihr Körper anfühlt. Möglicherweise fühlen sich einige Körperteile in Ihnen ganz lebendig an, andere hingegen leblos und erstarrt. Vielleicht verspüren Sie den Drang, einen bestimmten Körperteil gleich wieder verlassen zu wollen. Unter Umständen stellen Sie sogar fest, dass Sie diesen Teil Ihres Körpers am liebsten ignorieren möchten. Womöglich mögen Sie diesen Bereich Ihres Körpers nicht, schämen sich gar dafür. Ich weiß, dass es sehr schwierig ist, trotzdem in diesem Körperteil zu bleiben und das Gefühl und die Gedanken wahrzunehmen. Es geht nicht darum, dass Sie Ihren Körper gleich auf der Stelle lieben müssen oder dass Sie sich dafür verurteilen, dass Sie manche Teile Ihres Körpers nicht mögen. Es geht zunächst einmal einzig und allein darum, dass Sie sich bewusst machen, was Sie über Ihren Körper und somit über sich selbst denken. Verdeutlichen Sie sich, was Sie wirklich über sich selbst denken. Sie mögen es nicht glauben, aber ich kenne kaum einen Menschen, der mit seinem Körper, mit seinem Aussehen zufrieden ist. Wir selbst sind unsere schlimmsten Kritiker.

Das Kosmetikunternehmen Dove hat vor einiger Zeit eine Kampagne veranstaltet, bei der die Teilnehmer sich selbst beschreiben sollten und ein Künstler, der die Personen nicht sah, eine Zeichnung nach deren eigener Beschreibung anfertigte. Anschließend beschrieben Freunde oder Familie dem Künstler das Aussehen der jeweiligen Person. Später wurden dann beide Bilder den Teilnehmern und deren Angehörigen gezeigt. Das war unglaublich berührend und zugleich auch erschreckend, denn Sie können sich gar nicht vorstellen, wie sehr sich die Zeichnungen unterschieden und wie verzerrt das Selbstbild der Teilnehmer war. Versuchen Sie also, Ihren Gedanken zu lauschen, sie zu fühlen – all den Schmerz, die Sehnsucht, die Enttäuschung, den Stolz. Machen Sie sich bewusst, wie sich Ablehnung und Annahme anfühlen.

Sie sind wunderschön – jetzt – so, wie Sie sind.

Und auch dieser Satz löst einiges bei Ihnen aus, oder?

Üben Sie regelmäßig, präsent zu bleiben. Beobachten Sie Ihre Gedanken, nehmen Sie sie wahr und lokalisieren Sie die Gefühle, die dadurch in Ihrem Körper erzeugt werden. Spüren Sie sich! Versuchen Sie so lange es geht, präsent zu bleiben, und machen Sie sich bewusst, wann Sie anfangen, Ihre Gedanken oder Gefühle zu bewerten und wie sich das anfühlt. Versuchen Sie sich auch bewusst zu machen, wenn Sie sich in Ihren Gedanken verfangen haben oder an einem Gefühl festhalten.

Haben Sie die Verbindung zum gegenwärtigen Moment verloren, versuchen Sie, zu Ihrem inneren Ermittler zurückzukehren, indem Sie sich einmal kurz schütteln und dann einige Zeit auf Ihren Atem konzentrieren. Atmen Sie bewusst ein und wieder aus, ein und wieder aus. Folgen Sie mit Ihrer Aufmerksamkeit dem Atem in Ihrem Körper. Rufen Sie den Namen Ihres Ermittlers. Ärgern Sie sich nicht, wenn die Verbindung unterbrochen ist, das wird immer wieder einmal passieren. Ich denke, dass es kaum möglich ist, immer präsent zu sein. Wie sollte man sonst reflektieren können und träumen? Alles gehört zum Leben dazu, aber Sie können immer wieder die Verbindung zu Ihrem Ermittler herstellen und immer wieder in den gegenwärtigen Moment zurückkehren.

Um die Übung zu beenden, nehmen Sie sich selbst in den Arm, schenken Sie sich ein Lächeln und mehrere tiefe Atemzüge, und dann ruhen Sie sich einen Moment aus.

Die Zeugenvernehmung

In vielen Vernehmungen habe ich festgestellt, dass Zeugen dieselbe Situation unterschiedlich erleben, auffassen und wiedergeben. Nehmen wir beispielsweise einen Raubüberfall auf eine Tankstelle mit einem Angestellten und einem Kunden. Beide befinden sich im Verkaufsraum, als drei maskierte Täter die Tankstelle betreten und einer von ihnen den Angestellten mit einer Schusswaffe bedroht und die Öffnung der Kasse fordert. Anschließend entnimmt einer der anderen Täter das Geld aus der Kasse, steckt es in einen Stoffbeutel, und alle drei flüchten. In so einem Fall gibt es Zeugen, die unglaublich gut die Bekleidung der Täter beschreiben können, weil sie Äußerlichkeiten einen großen Wert zuschreiben. Nehmen wir also an, der Kunde kann präzise die Jacken, Hosen und sogar die Schuhe der Täter beschreiben. Der Angestellte, der sich viel näher an den Tätern befand, kann eigentlich keine Angaben zu den Personen machen, da seine Aufmerksamkeit nur auf die Pistole gerichtet war, gibt aber trotzdem Täterbeschreibungen ab. Diese Beschreibungen weichen gänzlich von denen des anderen Zeugen ab. Später auf dem Überwachungsvideo kann man dann sehen, dass die Beschreibung des Kunden stimmte.

Oftmals meinen Zeugen es gut und versuchen, unsere Fragen so gut es geht zu beantworten. Dabei geben sie dann häufig nicht mehr ihre wirklichen Beobachtungen wieder, sondern vermischen sie mit ihren Ansichten und Vermutungen. Sie können also nicht mehr unterscheiden, was real war und was ihrer Vorstellungswelt entspringt. Ebenso erhalten wir in der Realität selten identische Aussagen und Täterbeschreibungen der Zeugen, obwohl sie dieselbe Tat beschreiben. Das liegt daran, dass wir Menschen aufgrund unserer Erfahrungen, Erwartungen, Glaubenssätze und Gedanken nur selektiv wahrnehmen. Was uns nicht realistisch erscheint, können wir auch nicht wahrnehmen. Wir sehen daher die Welt eingeschränkt, setzen unsere eigenen Schwerpunkte und glauben doch, alles zu sehen und zu wissen. Aus genau diesem Grund sind es meist nicht die Dinge selbst, die uns Angst machen, sondern es ist die Bedeutung, die wir ihnen geben.

Genauso wichtig also wie das Bewusstmachen unserer Gefühle ist, dass wir uns vor Augen führen, was wir denken und glauben. Denn unsere Gedanken und Glaubenssätze beeinflussen unsere Handlungen und auch unsere Gefühle. Alles in uns ist nun einmal miteinander verknüpft. Indem wir uns also bewusst machen, was wir gerade denken und welche Glaubenssätze wir haben, können wir die Ängste, die diesen Annahmen zugrunde liegen, schneller identifizieren. Dadurch können wir sie uns nicht nur bewusst machen, sondern sie auch in uns fühlen. Wir können dann überprüfen, ob sie wirklich der Realität entsprechen. Unser bewusster Umgang mit unseren Gedanken verändert also unser Leben.

Um uns also unsere Gedanken und Glaubenssätze bewusst zu machen, müssen wir lernen, wie wir ihnen zuhören und dabei präsent bleiben können. Für viele Menschen ist es wichtig und hilfreich, die eigenen Gefühle und Gedanken einer anderen realen Person mitzuteilen. Dadurch wird vielen erst deutlich, was sie denken und fühlen, was sie beschäftigt, bewegt und wie es ihnen eigentlich gerade geht. Das Mitteilen unterstützt die Bewusstmachung, da man sich in diesem Moment öffnet und seine Wahrheit ausspricht. Die Gedanken und Gefühle werden damit real, und man gesteht sie sich ein. Dadurch ist eine Art Realitätscheck möglich. Man richtet seine Aufmerksamkeit auf sich selbst, und dadurch entsteht eine natürliche Verbindung. Die andere Person bezeugt in diesem Moment unsere Reflexion, unser Teilen und Annehmen.

Aber in vielen Situationen, sei es in Krisen, bei Konflikten oder im Alltag, ist gerade keine reale Person anwesend, wenn wir sie benötigen. Natürlich kommt es auch vor, dass zwar jemand anwesend ist, wir uns der betreffenden Person aber nicht anvertrauen möchten.

Aber auch wir selbst können unseren Gedanken zuhören und Zeugnis über sie ablegen, indem wir mit ihnen eine Art Zeugenvernehmung durchführen. Unsere Gedanken und Glaubenssätze bieten sich als Zeugen an, da sie uns in einer Vernehmung wunderbar ihre Sicht auf ein Ereignis schildern können.

Für eine hilfreiche Zeugenvernehmung ist Folgendes wichtig:

In der realen Vernehmung sollte man Zeugen immer trennen, damit sie sich nicht gegenseitig beeinflussen und so ein heilloses Durcheinander erzeugen. In so einem Fall wäre es unglaublich schwierig festzuhalten, wer was gesagt hat. Jeder Zeuge sollte deshalb die Möglichkeit bekommen, das Wahrgenommene zusammenhängend zu schildern. Danach werden ihm meist noch Fragen gestellt, um weitere Details zu erfahren, Unklarheiten zu beseitigen bzw. Widersprüche aufzudecken. Diese Form der Befragung dient der Wahrheitsfindung, und genau darum geht es auch bei der Vernehmung unserer Gedanken. Indem unser innerer Ermittler unseren Gedanken die Möglichkeit gibt, frei zu erzählen, erhalten wir einen Einblick in unsere eigene Denkweise und das, worauf sie beruht. Wir stellen eine direkte und bewusste Verbindung zu unserem Verstand her. Dabei geht es nicht darum, dass wir alles gut finden und glauben müssen, was wir denken. Es geht darum zu verstehen, was unsere Gedanken bewirken bzw. bewirken können und wie eng unser Denken mit unserem Verhalten, unseren Gefühlen und unseren Körperempfindungen verbunden ist. Unsere Bewusstmachung verändert unsere Gedanken und damit unser Verhalten und unsere Empfindungen.

Versuchen Sie Ihre Gedanken und Glaubenssätze voneinander zu trennen, damit Sie auch wirklich Ihre unterschiedlichen Perspektiven kennenlernen.

Bei der Vernehmung ist der Umgang mit unseren Gedanken und Glaubenssätzen von großer Bedeutung. Wir wollen von ihnen Informationen haben, deshalb sollten wir sie auch respektvoll behandeln. Das wird bei einigen unserer Gedanken ziemlich schwierig werden, weil sie auf den ersten Blick unangenehm und erschreckend wirken können.

Gerade mit unseren inneren Widerständen als Zeugen kann eine Vernehmung alles andere als ein Kinderspiel sein. Nehmen Sie sich also Zeit und lassen Sie Ihren inneren Ermittler gut zuhören. Wir brauchen viel Geduld, Mitgefühl und Verständnis für unser Denken und unsere Ansichten.

Aufbau einer Zeugenvernehmung:

Eine Zeugenvernehmung sollte wie folgt ablaufen: Unser Ermittler begibt sich mit seinem Zeugen an einen Ort, an dem er Ruhe und Zeit hat. Richten Sie sich dazu wieder Ihren bequemen Raum ein. Bevor Sie Ihren Gedanken bitten, seine Sicht zu schildern, lassen Sie Ihren Ermittler zuerst einen kurzen Eindruck vom Zeugen erhalten. Welcher Zeuge sitzt gerade vor Ihnen und Ihrem Ermittler? Wie heißt der Zeuge, welcher Gedanke oder Glaubenssatz kommt gerade zum Vorschein?

Ein kurzes Nachfragen, wie es dem Zeugen geht, hilft, um festzustellen, in welcher Stimmung der Gedanke ist. Ist er aggressiv, provozierend, genervt oder hilfsbereit? Wie äußert sich das in Ihrem Körper? Der nächste Schritt wäre dann, dem Zeugen kurz zu sagen, über welches Ereignis Sie mit ihm sprechen wollen, und ihn dann zu bitten, seine Sicht dazu zu schildern. Sind Sie sich selbst keiner konkreten Situation bewusst, dann bitten Sie den Zeugen einfach nur, seine Sicht auf das Leben darzulegen. Daraus kann Ihr Ermittler dann oft ein Ereignis ermitteln.

Lassen Sie Ihren Gedanken erzählen und ausreden. Unabhängig davon, ob Ihnen seine Ansichten gefallen oder nicht, sollten Sie nur anhören, was Ihr Zeuge wahrgenommen hat und wie er die Situation erlebt hat. Nehmen Sie Ihren Zeugen ernst und verurteilen Sie seine Sicht der Dinge nicht. Haben Sie Mitgefühl und Verständnis mit seiner Geschichte. So geben Sie ihm das Gefühl, dass seine Beobachtungen und Hinweise von Bedeutung sind. Das sind sie übrigens tatsächlich, da sie Teil Ihrer Vergangenheit sind. Gleichzeitig erhalten Sie Einblicke in Ihre eigene Welt, auf Ihre Sichtweisen und Glaubenssätze.

Natürlich kann es passieren, dass manche Gedanken viel zu erzählen haben und andere eher zurückhaltend sind. Nehmen Sie Ihre Gedanken so an, wie sie sind. Am leichtesten ist das, wenn man sich vorstellt, wie man selbst behandelt werden möchte. Genau so gehen Sie dann mit Ihrem Zeugen um. Haben Sie im Anschluss an seine Schilderung noch Fragen, dann stellen Sie diese. Wenn Sie die Vernehmung beenden wollen, bedanken Sie sich bei Ihrem Zeugen und lassen ihn gehen.

Sie werden feststellen, dass manche Vernehmungen auf den ersten Blick nicht sehr hilfreich und aussagekräftig erscheinen. Doch vertrauen Sie darauf, dass jeder Gedanke, den Sie sich bewusst machen, einen Sinn in Ihrem Leben hat, auch wenn er momentan vielleicht noch nicht erkennbar ist. Deshalb ist es nützlich, wenn Sie sich Notizen zu Ihren Gedanken und Glaubenssätzen machen. Auf diese Weise können Sie Informationen sammeln und später wie ein Puzzle zusammenfügen.

Eine Vernehmung zwischen Ihnen bzw. Ihrem inneren Ermittler und Ihrem Gedanken wirkt übrigens wie ein Zwiegespräch mit sich selbst. Aber keine Angst, dadurch entwickeln Sie keine gespaltene Persönlichkeit und werden auch nicht verrückt. Sie erhalten auf diese Weise nur einen gesunden Abstand zu Ihren eigenen Gedanken. So lernen Sie sich selbst immer besser wahrzunehmen und zu verstehen. Also, probieren Sie es einfach mal aus!

Für jede Vernehmung gilt die eine goldene Regel: Bewerten und verurteilen Sie die Aussagen nicht! Sie wissen doch, dass Zeugen die Geschichte immer aus dem eigenen Blickwinkel erzählen, der bekanntlich von so vielen persönlichen Eindrücken geprägt und dadurch subjektiv ist.

FAZIT: Betrachten wir unsere Gedanken als Zeugen, dann machen wir uns bewusst, dass ihre Schilderungen einer subjektiven Sicht entstammen. Mit Hilfe von Vernehmungen schaffen wir einen wertneutralen, offenen Raum, in dem unsere Gedanken ihre Ansichten kundtun können. Eine Bewertung der Aussage erfolgt nicht, sondern vielmehr ein Annehmen der eigenen Gedanken und Ansichten. Erst im nächsten Schritt folgt dann das Nachdenken darüber, ein Abgleich mit der Realität, also eine Art Auswertung, um unsere Ängste identifizieren und schließlich überführen zu können.

Sich Notizen zu machen hilft bei der Wahrnehmung der eigenen inneren Welt. So lassen sich Verhaltensmuster und Gedanken über einen selbst und andere leichter aufdecken. Durch das visuelle Wahrnehmen unserer aufgeschriebenen Worte bekommen unsere Ermittlungen einen realen Charakter, was zu einem tieferen Bewusstsein führt.

Beispiel einer Vernehmung zwischen meiner Ermittlerin Mimi und meinen Gedanken:

Eine Vernehmung durch meine innere Ermittlerin läuft manchmal so ab: Ich habe es mir in meinem Raum bequem gemacht, und plötzlich meldet sich ein Zeuge namens »Ich bin wütend« zu Wort. Der Zeuge macht einen nervösen, unsicheren und hilflosen Eindruck und äußert sich durch ein Unruhegefühl in meinem gesamten Körper. Nachdem Mimi mir diesen Gedanken bewusst gemacht hat, kann die Vernehmung beginnen.

Mimi: »Bitte schildere mir, was du wahrgenommen hast, als Miriam eine verbale Auseinandersetzung mit einem ihrer Kollegen hatte.«

Zeuge (wirkt plötzlich sehr lebendig und in Bewegung): »Sie war so wütend und hätte ihn am liebsten angeschrien. Das war eine Frechheit. Was fällt ihm bloß ein. So ein... Dem wird sie es hoffentlich heimzahlen. Das darf sie sich nicht bieten lassen!« (Der Zeuge wiederholt dies noch einige Male und verstummt dann.)

Mimi: »Warum nicht?«

Zeuge: »Sonst macht er es vielleicht wieder, und sie wusste ja jetzt schon nicht, wie sie reagieren sollte. Aber sie hat gekocht vor Wut. Sie hat sich danach noch einige Zeit geärgert und Gedanken gemacht.«

Mimi: »Sie wusste nicht, wie sie sich verhalten sollte?«

Zeuge (wird ruhiger): »Ja. Hm, oh.«

Mimi: »Was meinst du damit?«

Zeuge: »Ich glaube, sie hat nicht gewusst, wie sie mit ihrer Wut umgehen sollte. Sie fand die Situation so erschreckend, dass sie sie so schnell wie möglich verlassen wollte.«

Mimi: »Okay, vielen Dank, dass du mir deine Sicht geschildert hast.«

Nachdem der Zeuge gegangen ist, habe ich mir folgende Notizen gemacht:

- Der Gedanke »Ich bin wütend« fühlt sich sehr lebendig in mir an, und ich spüre viel Energie in mir.

- Das Gefühl, das dabei sichtbar wird, ist meine Wut.
- Meine Wut macht mich nervös und unsicher, weil ich nicht weiß, wie ich mit dem Gefühl und der Energie umgehen soll.
- Ich spüre den Drang, die Situation am liebsten ganz schnell zu verlassen.
- Im Nachhinein mache ich mir noch viele Gedanken und steigere mich noch tiefer in die Wut hinein, was mir meistens nicht einmal auffällt.

Durch das Aufschreiben wird mir deutlich, dass nicht das sichtbare Gefühl, hier also die Wut, der eigentliche Täter ist, sondern dass darunter meist noch ein weiteres Gefühl bzw. eine große Angst verborgen liegt. Diese gedankliche Auseinandersetzung im Anschluss an die Vernehmung ist schon eine Art Reflexion und hilft, einen Täter sichtbar zu machen.

Meine Vernehmungen haben mir geholfen zu erkennen, dass sich unter dem Gefühl der Wut, das sehr viel Energie in mir freisetzt, eine tiefe Hilflosigkeit befindet. Dieses Gefühl der Hilflosigkeit fühlt sich nicht nur erschreckend an, sondern ist auch kaum auszuhalten, was ich unbewusst mit der Wut zu überspielen versuche. Unter der Hilflosigkeit liegt meine Angst, etwas falsch gemacht zu haben, also die Angst, erkennen zu müssen, dass es meine Schuld war, dass der Kollege wütend und ausfallend wurde.

Ich war anfangs erschrocken, als ich diesen Glaubenssatz in mir entdeckte: »Es ist meine Schuld.« Ich brauchte und brauche immer wieder Zeit und Geduld, um meine Gedanken nicht zu verurteilen und vor meinen Gefühlen nicht zu flüchten. Mittlerweile spüre ich, dass dieser Gedanke über mich nicht der Realität entspricht. Er zeigt mir aber, dass ich große Angst davor habe, Fehler zu machen und mich dann selbst oft dafür verurteile und schuldig fühle. Anderen Menschen gestehe ich Fehler zu, mir selbst aber in vielen Situationen nicht. Je bewusster ich mir dieses Gedankens werde, desto öfter finde ich den Mut, mich meinen Gedanken und Gefühlen von Wut und Hilflosigkeit zu stellen. Ich spüre, wie sich langsam ein anderer Umgang mit ihnen einstellt und sich etwas in mir verändert.

Übung 14: Zeugenvernehmung
Sie sollten sich mindestens 15 Minuten Zeit für diese Übung nehmen.

Die Dauer einer Zeugenvernehmung hängt immer von unserem Zeugen ab, von dem, was er alles erlebt hat oder eben nicht und wie gesprächsbereit er ist. Wir können und wollen ihn nicht zwingen, mit uns zu reden, und wenn er gehen will, dann müssen wir ihn gehen lassen.

Legen Sie sich Papier und Stift für Notizen bereit. Machen Sie es sich wieder in Ihrem Raum bequem, indem Sie zuerst wieder eine angenehme Atmosphäre schaffen. Schließen Sie dann die Augen und nehmen Sie einen tiefen Atemzug in Ihren Bauch hinein. Bringen Sie Ihre Aufmerksamkeit in Ihren Körper und folgen Sie mit Ihrer Aufmerksamkeit Ihrem Atem. Dann lassen Sie bewusst Ihren Ermittler auf einen Zeugen warten. Haben Sie einen Moment Geduld, falls sich nicht gleich ein Gedanke einstellt. Vielleicht möchten Sie umgekehrt auch ganz konkret mit einem bestimmten Gedanken oder Glaubenssatz arbeiten.

Sobald Ihnen ein Gedanke bzw. ein Glaubenssatz bewusst wird, fangen Sie ein ganz normales Gespräch mit ihm an, etwa so: »Hallo XYZ, schön, dass du da bist.« Machen Sie sich bewusst, mit welchem Gedanken Sie es gerade zu tun haben. Nachdem Sie festgestellt haben, wie er sich in Ihnen anfühlt und ob er beispielsweise unsicher oder provozierend wirkt, fragen Sie ihn, was er beobachtet hat. Und dann lassen Sie ihn erzählen. Haben Sie Mitgefühl mit seiner Sichtweise und hören Sie ihm einfach nur zu. Ihr innerer Ermittler kann im Laufe der Vernehmung noch gezielt Fragen stellen, um Unklarheiten zu klären oder noch tiefer einzutauchen. Vergessen Sie zum Abschluss der Vernehmung nicht, sich von Ihrem Zeugen zu verabschieden.

Im Anschluss machen Sie sich Notizen über das, was Sie durch den Zeugen herausgefunden haben: Schreiben Sie auf, wie sich der Gedanke in Ihnen angefühlt hat und welche Körperreaktionen und Verhaltensweisen Sie mit diesem Gedanken verbinden. Möglicherweise können Sie auch das Gefühl benennen, das all dem zugrunde liegt.

Um diese Übung zu beenden, legen Sie dann Ihre Notizen zur Seite und stehen bitte einmal auf. Dehnen Sie Ihren Körper, recken und strecken Sie sich. Bewegen Sie sich einen Moment. Vielleicht wollen Sie auch Ihr Lieblingslied abspielen und dazu tanzen. Feiern Sie Ihre erste Zeugenvernehmung. Sie haben einen riesengroßen Schritt gemacht. Wie fühlen Sie sich jetzt?

Unsere Täter überführen

Nach dem Beobachten, Wahrnehmen und Annehmen erfolgt nun ein weiterer Schritt, nämlich eine Reflexion, ein Abgleich zwischen dem, was wir denken und fühlen, und der Wahrheit. Dieser Realitätscheck bewirkt, dass wir auf der einen Seite anerkennen, was wir denken und fühlen, und gleichzeitig überprüfen wir, ob unsere Gedanken der Wahrheit bzw. der Realität entsprechen oder eine Mutmaßung, Lüge oder Illusion sind. Dadurch wird uns oft erst bewusst, welche Ängste diesen Gedanken und Gefühlen wirklich zugrunde liegen. Unsere Ängste beruhen auf unseren kindlichen Erfahrungen und entsprechen heute nicht mehr der Realität. Auch wenn sich diese Ängste wahr und real anfühlen, ist es wichtig festzustellen, dass sie fast immer unbegründet sind. Stellen wir uns nämlich der eigenen Angst, bemerken wir oft, dass das gar nicht so schlimm ist, wie wir es uns vorher ausgemalt hatten, oder es ist sogar etwas ganz anderes eingetreten, das uns positiv überrascht. Haben wir uns der Angst bewusst gestellt, dann sind wir meist sichtbar stolz, dass wir diese große Herausforderung angenommen haben. Das ist ein wunderbares Erlebnis!

Auch beim Reflektieren bzw. Vergleichen mit vergangenen, ähnlich gelagerten Situationen, in denen diese Gedanken zum Vorschein kamen, geht es um die wertfreie

Sichtbarmachung. Auf diese Weise lässt sich die einzigartige Handschrift unserer Täter erkennen. Dadurch können wir sie benennen, in uns fühlen, sie ganz einfach wahrnehmen. Es sind zwar unsere Ängste, aber entsprechen sie auch einer objektiv wahrnehmbaren Angst? Ist die Angst in dieser Situation wirklich begründet? Oder ist sie eine individuelle, auf früheren Erfahrungen beruhende Illusion?

Folgende Fragen können Ihnen bei der Reflexion behilflich sein:

- Gibt es Situationen, in denen diese Gedanken und Glaubenssätze ebenfalls vorhanden sind?
- Welches Verhaltensmuster fällt Ihnen dann an Ihnen auf?
- Was fühlen Sie in diesen Momenten?
- Wo nehmen Sie das Gefühl in Ihrem Körper wahr?
- Können Sie erkennen, welche Angst sich hinter diesen Gedanken und Gefühlen verbirgt?
- Was würden Sie machen, wenn Sie diese Angst nicht hätten?
- Was können Sie machen, um sich dieser Angst zu stellen?

Wenn Sie wollen, können Sie auch eine Art Fahndungsliste erstellen, in der Sie die Fragen beantworten. Vielleicht verdeutlicht diese Visualisierung noch klarer, wie sich die einzelnen Ängste voneinander unterscheiden und was sie möglicherweise gemeinsam haben. Dazu können Sie eine Tabelle mit fünf Spalten erstellen. Schreiben Sie von links nach rechts folgende Wörter hinein: »Meine Täter«, »Meine Gedanken«, »Meine Verhaltensweisen«, »Meine Körperempfindung(en)«, »Mein Gefühl/meine Gefühle, die bei diesem Täter zum Vorschein kommen«.

Meine Täter	Meine Gedanken	Meine Verhaltensweisen	Meine Körperempfindung(en)	Meine Gefühle, die bei diesem Täter zum Vorschein kommen
Angst, etwas falsch zu machen	»Ich bin so wütend.« »Das ist ungerecht, gelogen.« »Ich darf keine Fehler machen.«	Ich erhebe die Stimme, verlasse die Situation.	Aufsteigende Wärme, Unruhe, viel Energie, ohne zu wissen, wohin damit.	Wut, Hilflosigkeit
Angst, nicht geliebt zu werden	»Ich kann das nicht.« »Ich bin nicht gut genug.« »Das ist peinlich.«	Ich verstumme, finde keine Worte.	Ich fühle mich leblos, wie erstarrt.	Scham, Hilflosigkeit

FAZIT: Der Abgleich unserer Gefühle und Gedanken dient dazu, uns unser Denken bewusst und unsere Verhaltensweisen und Glaubenssätze sichtbar zu machen. Indem wir uns verdeutlichen, wann in uns diese Gedanken zum Vorschein kommen, wie sie sich in uns anfühlen und wie wir uns daraufhin verhalten, können wir unsere Ängste, die wahren Täter, identifizieren. Denn meist liegt einem Gefühl ein weitaus tieferes Gefühl zugrunde, welches wiederum nur unsere Angst überdeckt. Machen wir uns das bewusst, können wir unsere Ängste sichtbar machen, ihnen auf den Fersen bleiben und sie schließlich dingfest machen.

Der Abgleich der Gefühle und Gedanken hilft dabei, zu erkennen und zu spüren, ob unsere Ängste einen realen Bezug haben oder auf einer unwahren Vermutung beruhen. Unsere Ängste mögen sich zwar real anfühlen, sind aber meist unbegründet. Dies finden wir genau dann heraus, wenn wir uns unseren Ängsten stellen und etwas anderes dabei herauskommt, als wir uns vorgestellt oder für möglich gehalten haben.

Übung 15: Identifizieren Sie Ihre Täter

Als Vorbereitung für diese Übung benötigen Sie Ihre schriftlichen Vernehmungsnotizen sowie ein leeres Blatt Papier und einen Stift. Erstellen Sie sich zuerst eine Fahndungsliste (vgl. obenstehende Tabelle).

Haben Sie sich Ihre Notizen und die Tabelle zurechtgelegt, richten Sie sich wieder Ihren Raum ein. Nehmen Sie sich anschließend 15 Minuten Zeit für diese Übung und beginnen Sie im Stehen mit drei tiefen Atemzügen. Atmen Sie dazu durch die Nase ein und durch den Mund wieder aus. Spüren Sie Ihre Füße auf dem Boden und klopfen Sie anschließend mit Ihren Händen jeden Körperteil zärtlich wach. Beginnen Sie am Kopf und enden Sie an Ihren Füßen. Wenn Sie unten angekommen sind, können Sie es sich wieder richtig gemütlich machen. Nehmen Sie nun Ihre Notizen zur Hand und lesen Sie ruhig laut vor, was Sie sich aufgeschrieben haben. Stellen Sie sich dann die folgenden Fragen und schließen Sie anschließend Ihre Augen.

- Kommen Ihnen diese Gedanken bekannt vor?
- Woher kennen Sie diese Gedanken noch?
- Wie verhalten Sie sich in solchen Situationen meist?

- Was fühlen Sie in diesen Momenten?
- Wie fühlt es sich in Ihnen dann an?
- Wo spüren Sie es im Körper?
- In welchen Situationen verhalten und empfinden Sie ähnlich?
- Können Sie erkennen, welche Angst all dem zugrunde liegt?
- Was würden Sie machen, wenn Sie diese Angst nicht hätten?
- Was könnten Sie machen, um sich dieser Angst zu stellen?

Füllen Sie nun Ihre persönliche Fahndungsliste aus, indem Sie sich zuerst Ihre Gedanken ansehen. Machen Sie sich Situationen in Ihrem Leben bewusst, in denen Sie diese oder ähnliche Gedanken hatten. Anschließend schauen Sie sich Ihr Verhaltensmuster in diesen Situationen an. Möglicherweise reagieren Sie immer gleich, wenn sich diese Gedanken in Ihnen einstellen. Versuchen Sie dann, das Gefühl zu identifizieren, das hinter Ihren Gedanken und Ihrem Verhalten steckt. Nehmen Sie das Gefühl in sich wahr und lokalisieren Sie es in Ihrem Körper. Vielleicht gibt es noch weitere Situationen, in denen Sie sich so fühlen. Diese Bewusstmachung kann Ihnen helfen, Ihrer Angst auf die

Schliche zu kommen. Anschließend beantworten Sie für sich die Frage, was Sie ohne Ihre Angst machen würden. Möglicherweise fällt Ihnen auch etwas ein, um sich dieser konkreten Angst zu stellen.

Diese Liste können Sie jederzeit ergänzen und erweitern.

Wenn Sie fertig sind bzw. diese Übung beenden wollen, schließen Sie sie mit einem Ton ab. Öffnen Sie dazu einfach Ihren Mund und lassen Sie sich von dem überraschen, was aus Ihnen herauskommt. Vergessen Sie nicht, dabei weiterzuatmen. Anschließend machen Sie eine Körperbewegung, die für Sie deutlich macht, dass diese Übung für den heutigen Tag zu Ende ist. Wie wäre es mit einer Verbeugung vor sich selbst oder einer Winkbewegung mit Ihren Händen?

Kapitel 5
Der Lohn für Ihren Mut

Ihr Gewinn, Ihre Belohnung, Ihr Geschenk

Beginnen wir damit, uns auf uns selbst einzulassen, sind wir womöglich so sehr auf das Ziel – uns selbst zu heilen – konzentriert, dass wir etwas Wichtiges übersehen: uns selbst dafür wertzuschätzen, dass wir den Mut haben, diesen neuen Weg zu gehen. Das sollte gefeiert werden! Daneben ist wichtig anzuerkennen, dass wir niemals vollständig frei von Schmerzen und unangenehmen Gefühlen sein werden: Sie gehören zum Leben einfach dazu. Sie sind ebenso wichtig wie die angenehmeren Gefühle.

Sich selbst immer tiefer zu begegnen wird Zweifel aufwerfen und tiefe Ängste sichtbar machen. Da drängt sich natürlich die Frage auf, wieso wir uns dann überhaupt mit uns selbst befassen sollten. Die Antwort: weil das Geschenk, das wir dafür bekommen, weitaus größer und schöner ist, als Sie sich je vorstellen könnten. Lassen Sie sich bewusst auf sich selbst und Ihre Welt ein, so werden Sie feststellen, dass mit dem Fühlen und Annehmen all

Ihrer Gefühle und Gedanken, Ihrer tiefsten Sehnsüchte und Ängste zugleich ein Raum entsteht, der unendlich viel Neues und Wundervolles zum Vorschein bringt.

Das, was Sie über sich und das Leben lernen können, stellt einen nie endenden Prozess dar, der Ihr Leben bereichern und Ihnen zahlreiche neue Möglichkeiten aufzeigen wird. Ihr Leben wird sich verändern, Ihre Beziehungen werden sich verändern. Einige Freundschaften werden möglicherweise auseinandergehen, aber dafür werden Menschen in Ihr Leben treten, die Sie bereichern werden.

Ihr bewusster Umgang mit sich selbst wird nicht nur für Sie sichtbar werden, sondern auch für Ihr Umfeld. Ihr Mut, neue Wege zu gehen, wird Ihr eigenes Selbstbewusstsein stärken und kann für Freunde, Familie, Kollegen eine Inspiration sein. Indem Sie sich selbst mehr und mehr wahrnehmen und lernen, alle Ihre Gefühle anzunehmen, werden Sie auch ein Gefühl dafür entwickeln, was Ihnen guttut und was nicht. Sie werden immer deutlicher in sich spüren, wo Sie aus freiem Herzen etwas geben und wo Sie es nur tun, um es anderen recht zu machen und von ihnen geliebt zu werden. Vieles wird sich in Ihnen einfach anders anfühlen, leichter und freier. Diese Leichtigkeit entsteht, weil Sie selbstbestimmt handeln und den Mut haben, Grenzen zu setzen.

Indem Sie lernen, dass alle Gefühle zum Leben dazugehören, können Sie auch anders mit Krisen und belastenden Situationen umgehen. Sie werden geduldiger und mitfühlender mit sich selbst und Ihrem Umfeld. Dadurch kann so viel Liebe in Ihnen freigesetzt werden und zu Ihnen zurückkehren. Wenn Sie auf diesem manchmal steinigen, herausfordernden Weg bleiben, wird sich mit der Zeit Ihr Leben entspannen. Sie werden innerlich ruhiger werden, weil Sie immer mehr darauf vertrauen können, dass alles in Ihrem Leben einen Sinn macht. Sie werden Herausforderungen als das sehen können, was sie sind, nämlich als Chance zum persönlichen Wachstum, zur persönlichen Entwicklung. Sie werden offener im Umgang mit Ihren Gedanken werden und die Glaubenssätze und Verhaltensmuster verändern, die nicht mehr zu Ihnen und Ihrem jetzigen Leben passen bzw. nicht der Wahrheit entsprechen.

Ihr Gewinn besteht darin, dass Sie lernen, sich selbst und das Leben mit allem, was dazugehört, anzunehmen. Dabei wird Ihnen auffallen, dass Sie all das, was Sie an anderen immer bewundert und verehrt haben, längst selbst besitzen. Ihnen wird auch bewusst werden, dass Sie Fähigkeiten und Fertigkeiten besitzen, die Sie sich nie hätten träumen lassen. Wertschätzen Sie sich aber auch für alles, was Sie an sich und anderen als selbstverständlich erachten, denn auch das ist nicht zu unterschätzen. Es verdient Beachtung und Anerkennung, Sie verdienen Anerkennung für sich selbst.

Alles, was Sie fühlen, wird mit der Bewusstmachung der eigenen Gefühle intensiver werden. Der Schmerz kann sich schmerzhafter, echter anfühlen, aber auch die

Liebe kann liebevoller, leidenschaftlicher werden. Gleichzeitig wird Ihre Angst abnehmen bzw. werden Sie merken, dass auch die Angst nur ein Gefühl ist und oftmals keinen realen Bezug hat. Seien Sie neugierig und haben Sie Vertrauen! Ihr Leben wird kraftvoller werden, Sie werden immer klarer und können immer besser ausdrücken, was Sie wollen und wann Sie freiwillig bereit sind, Kompromisse einzugehen.

Sie verdienen ein Leben voller Liebe, Hingabe und Freude. Leben Sie Ihr Leben und feiern Sie sich – wie auch immer das konkret für Sie aussehen mag!

Setzen Sie sich klare Ziele und versuchen Sie, diesen nachzugehen. Die Frage dabei ist: Wann ist für Sie ein Ziel erreicht und wann erkennen Sie etwas als Erfolg an, den Sie feiern können? Woran erkennen Sie Ihre eigenen Erfolge, und seien sie noch so klein?

Meiner Ansicht nach besteht das Ziel darin, unsere Gefühle und Gedanken sichtbar zu machen und anzunehmen. Fällt uns auf, wie wir uns in einer Situation gefühlt haben, was in uns vor sich ging, selbst wenn es erst Tage später ist, dann ist das ein großer Erfolg, eben weil es uns aufgefallen ist, weil es nun nicht mehr im Dunkeln liegt. Wir haben es uns bewusst gemacht. Das sollten Sie sich immer wieder vor Augen halten und auch anerkennen, wenn Sie sich auf dieses Abenteuer mit sich selbst einlassen.

Im Alltag erhalten die meisten von uns nur wenig Lob und Anerkennung. Vieles wird als selbstverständlich hingenommen und einfach vorausgesetzt. Das ist sehr schade, weil wir uns alle wünschen, gesehen und anerkannt zu werden. Deshalb sollte man stetig im Auge haben, was alles schon gut klappt. Es motiviert uns, den nächsten Schritt zu wagen bzw. weiterzumachen. Fangen Sie also bei sich selbst an. Motivieren Sie sich, fördern Sie Ihr Wachstum, indem Sie sich selbst für Ihren Mut, Ihr Mitgefühl, Ihre Geduld und Ihre Liebe loben. Beschenken Sie sich und gönnen Sie sich immer wieder kleine Auszeiten.

FAZIT: Veränderungen brauchen Zeit, und manches Mal wollen wir zu viel auf einmal. Dabei übersehen wir die kleinen, wunderbaren Fortschritte. Je behutsamer und einfühlsamer wir mit uns selbst umgehen, desto deutlicher werden uns unsere Erfolge. Es ist wichtig, nicht von Erfolg zu Erfolg oder von Ziel zu Ziel zu hetzen, sondern jeden kleinen Schritt auf dem Weg anzuerkennen und wertzuschätzen. Auch das sind Erfahrungen, die unser Körper, unser Geist und unsere Seele abspeichern müssen. Wir müssen ihnen Zeit geben, unseren Stolz, unsere Liebe für uns selbst in uns zu entdecken und uns kleine Erholungsphasen, Aufmerksamkeiten und Wertschätzung für unser tägliches Arbeiten und Lernen schenken.

Gehen Sie liebevoll mit sich selbst um. Sie werden spüren: Wenn Sie sich selbst mehr wertschätzen, werden Sie das auch in Ihrem Umfeld widergespiegelt bekommen. Sie werden sich selbstbewusster, mutiger und freier in Ihren Entscheidungen fühlen. Ihnen wird bewusster werden, was Sie wirklich in Ihrem Leben wollen und wo Sie klare Grenzen setzen müssen. Feiern Sie also sich und Ihre Fortschritte und belohnen Sie sich dafür. Warten Sie nicht darauf, dass andere das für Sie tun und Ihnen sagen, was Sie toll gemacht haben und wie stolz sie auf Sie sind. Geben Sie sich selbst diese Anerkennung. Dabei können Sie sich selbst mit allem belohnen, was Ihrem Körper, Ihrer Seele und Ihrem Geist guttut und Ihnen Freude macht. Das kann ein Spaziergang, ein heißes Bad, das Lesen eines Buches, eine Meditation oder ein Stück Schokolade sein. Die Hauptsache ist, Sie fühlen sich wohl dabei.

Übung 16: Fortschritte bewusst machen (Teil 1) und feiern (Teil 2)
Diese Übung besteht aus zwei Teilen. Der erste Teil ist die Bewusstmachung Ihrer Erfolge, Ihrer Fortschritte. Reflektieren Sie, schauen Sie sich Ihr Leben an – jetzt und wie es vorher war. Verdeutlichen Sie sich, was sich verändert hat, seit Sie sich mehr mit sich selbst beschäftigen, indem Sie sich vor Augen

halten, wie Sie mittlerweile mit Ihren Gefühlen, Gedanken – ganz einfach mit sich selbst umgehen. Jedes Sichtbarmachen, sei es noch so klein, ist ein Fortschritt und darf gefeiert werden. Sie brauchen nicht für jeden Erfolg eine riesengroße Party zu schmeißen – es geht darum, dass Sie sich selbst anerkennen und wertschätzen, und zwar für Ihren Mut, Ihre Geduld und Ihre Hingabe. Sie sind es wert, sich all das zu geben, was Sie sich oft so sehr von anderen wünschen. Je besser Sie sich um sich selbst kümmern, umso mehr ziehen Sie auch Personen an, die Sie respektvoll behandeln. Außerdem gehen Sie als positives Beispiel voran und ermutigen andere, ebenfalls gut mit sich und anderen umzugehen.

Notieren Sie sich Ihre Veränderungen, alles, was Ihnen dazu einfällt. Möglicherweise haben Sie neue Charaktereigenschaften an sich entdeckt, die Sie vorher nur an anderen oder an Ihrem inneren Ermittler gesehen haben.

Und dann feiern Sie. Für den zweiten Teil der Übung können Sie sich natürlich so viel Zeit nehmen, wie Sie wollen, schließlich ist es Ihre Belohnung, Ihre Entspannung, Ihre Feier. Vielleicht fällt Ihnen auf Anhieb nichts ein, was Ihnen wirklich Freude bereitet, oder Sie sind der Meinung, dass diese Dinge zu viel Geld kosten. Lesen Sie sich die folgenden Fragen einfach mal laut vor und schließen Sie dann Ihre Augen. Lassen Sie die Fragen in sich sinken und notieren Sie sich die Antworten oder Ideen, die auftauchen. Es werden garantiert einige Dinge sichtbar, die Ihr Herz erfreuen und kein Geld der Welt kosten. Sie brauchen meist nicht viel, um sich wirklich etwas Gutes zu tun und sich zu freuen. Die Antwort ist oft ziemlich simpel.

- Was erfreut Sie und lässt Ihr Herz hüpfen?
- Wobei können Sie abschalten?
- Was mögen Sie gern, aber gönnen es sich nur selten oder nie?
- Wonach sehnen Sie sich?
- Stellen Sie sich vor, Sie wären im Urlaub. Was lieben Sie besonders am Urlaub – die Zeit, die Ruhe, bekocht zu werden, auszuschlafen, ein Buch zu lesen?

Schenken Sie sich selbst diese Aufmerksamkeit, diese kleine, auftankende Auszeit vom Alltag, vom Lernen und Üben. Beschenken Sie sich mit dem, was Sie erfreut und Sie sich viel zu selten selber gönnen.

Auch ohne Krisen – ungelöste Fälle in uns bearbeiten

Auch ohne Krisen oder eine emotionale Ausnahmesituation können und sollten wir uns weiter mit unseren Gefühlen und Gedanken beschäftigen. Wir können uns dann in aller Ruhe die Zeit nehmen, alte, noch ungelöste Situationen in uns sichtbar zu machen und Licht ins Dunkel zu bringen. Manche unserer inneren Tatorte benötigen sehr viel mehr Aufmerksamkeit, Hingabe und Liebe von uns, damit wir schließlich auch dort unsere Täter überführen können. Was sich über viele Jahre hinweg in uns angestaut hat, können wir nicht innerhalb kurzer Zeit verändern. Unsere alten Verletzungen sitzen so tief in uns, dass unser Geist, unsere Seele und auch unser Körper Zeit benötigen, um unseren Schmerz und unsere Ängste bewusst zu fühlen, zu verstehen und anzunehmen. Erst dadurch schaffen wir einen Raum, der Veränderung in uns möglich macht.

Dafür müssen wir nicht abwarten, bis das Leben uns im Außen auf diese Orte in uns und unsere Täter hinweist. Durch regelmäßiges Beobachten, Wahrnehmen und Annehmen können wir einigen Krisen zuvorkommen und uns selbst Schmerz und Leid ersparen. Wir brauchen nicht erst Verwirrung und Orientierungslosigkeit, wir können uns auch bewusst auf die Suche nach unseren Tätern machen.

Gerade in Zeiten, in denen wir das Gefühl haben, dass alles entspannt und im Fluss ist, haben wir meist unbewusst Angst davor, dass demnächst etwas Schlimmes passieren wird, weil wir es so gewohnt sind bzw. waren. Es kann doch nicht alles in Ordnung sein, oder etwa doch? Wie gehen Sie damit um, wenn Sie plötzlich mehr Liebe, Anerkennung, Aufmerksamkeit, also all das erhalten, was Sie sich immer erträumt haben? Fühlen Sie sich super, oder ist Ihnen das eher unangenehm? Können Sie das Gute in Ihrem Leben wirklich annehmen?

Oft suchen wir in Zeiten, in denen alles wunderbar läuft, unbewusst nach Dingen, die uns stören und unsere alten Erwartungen von Schmerz und Leid wieder bestärken. Damit ziehen wir unsere Probleme unbewusst, aber absichtlich in unser Leben. Wir erzeugen dann auch in ruhigeren Zeiten wieder Dramen und kleine Krisen, weil wir nicht wissen, wie wir mit der Stille und dem Frieden umgehen sollen. Schließlich waren wir es über so viele Jahre gewohnt, uns einsam, ungeliebt, voller Scham und Schuld zu fühlen. Was wäre ein Leben ohne Drama und Leid? Wäre es nicht ungewohnt, gar langweilig, und haben unsere Dramen nicht verlässlich eine Art von Sicherheit und Kontrolle erzeugt? Wie soll ein Leben in Freude und voller Erfüllung eigentlich aussehen?

FAZIT: Wir brauchen viel Geduld und Mitgefühl mit uns selbst. Solange wir leben, werden unsere Gefühle und Gedanken uns immer wieder herausfordern. Das ist ein nie endender Prozess. Zu ihm gehört immer wieder, dass wir unsere Präsenz verlieren und uns in unseren Gefühlen und Gedanken verstricken. Wir werden auch immer wieder Fehler machen, und das dürfen wir auch. Wichtig ist dabei, dass wir uns dafür nicht verurteilen, sondern uns unsere Fehler zugestehen.

Veränderungen benötigen Zeit, bis wir sie auf allen Ebenen in uns spüren können. Wir benötigen Zeit, das Neue in uns zu integrieren. Wir müssen uns immer wieder neu auf Kurs bringen und werden vom Leben daraufhin geprüft, ob das, was wir leben, noch unserem Herzen entspringt. Dazu ist es wichtig, sich immer wieder bewusst zu machen, was wir denken und fühlen. Wir müssen nicht auf Krisen warten, um uns Zeit für uns zu nehmen. Vielmehr sollten wir uns täglich Zeit für uns selbst nehmen, unabhängig davon, ob sich unser Leben gerade in einer Schieflage befindet oder ob es sich gut anfühlt. Das hilft uns, nicht nur großen Lebenskrisen zuvorzukommen, sondern auch Erfolge zu feiern und unsere Wünsche zu leben. Wir haben ansonsten die Tendenz, uns unbewusst selbst zu sabotieren, und erzeugen dann Dramen und Leid, weil wir gelernt haben, mit ihnen zu leben. Den Umgang mit einem entspannteren Leben kennen wir dagegen nicht.

Unabhängig davon, in welcher Phase unseres Lebens wir uns gerade befinden, beeinflussen unsere

Gefühle und Gedanken, was wir in unser Leben ziehen. Je bewusster wir im Umgang mit uns selbst sind, desto mehr können wir das Leben leben, das wir uns von Herzen wünschen. Unser Leben ist auf Wachstum und Entwicklung ausgerichtet, damit wir unsere einzigartigen Fähigkeiten und Fertigkeiten leben und damit uns und andere Menschen bereichern und inspirieren können. Wir lernen fürs Leben und lernen täglich dazu.

Mein Leben ist privat wie beruflich ruhiger und entspannter geworden. Gleichzeitig fühlt es sich so lebendig an wie nie zuvor. Manches Mal bin ich überrascht, wie intensiv sich mein Leben anfühlt, und weiß im ersten Moment nicht, wie ich damit umgehen kann. Dann verliere ich mich eine Zeit lang in Zweifeln und Schamgefühlen, finde aber immer wieder zu mir selbst zurück. Die Zeiten, in denen ich meine Achtsamkeit und die Verbindung zu mir selbst verliere, werden immer kürzer. Ich bin mutiger geworden, meine Gefühle zu fühlen und mich anderen mit meinen Gefühlen und Gedanken mitzuteilen. Meine Verletzlichkeit sehe ich heute nicht mehr als Schwäche, sondern als meine Stärke an. Sie ist mein Ausdruck von Offenheit, Vertrauen und Authentizität und erzeugt Nähe zu mir selbst und anderen.

Ich erfahre so viel Gutes, und ich bin von so vielen wunderbaren, unterstützenden Menschen umgeben, dass es mir manches Mal schwerfällt, all das Gute in meinem Leben anzunehmen und mich wirklich darüber zu freuen. Ich spüre dann meine Angst, dass ich das alles irgendwann wieder verlieren könnte, und immer wieder tauchen Gedanken von »Ich verdiene das gar nicht« in mir auf. Ich merke dann, wie mein Verstand förmlich nach etwas sucht, das das Gute in meinem Leben schmälert und herabwürdigt. Es rückhaltlos anzunehmen ist noch immer schwierig für mich, und ich muss es regelmäßig üben und Geduld, Mitgefühl und Liebe für mich selbst aufbringen.

> **Übung 17: Üben Sie sich im Beobachten, Wahrnehmen und Annehmen**
>
> Dies ist eine Erinnerungsübung für Sie. Egal, ob Sie sich in einer Krise befinden oder gerade alles gut läuft, nehmen Sie sich Zeit für sich selbst. Richten Sie sich Ihren Raum ein, wenn Sie Zeit haben, oder suchen Sie sich einen Ort, an dem Sie ungestört in sich gehen können, wenn Ihr innerer Ermittler kurzfristig gefragt ist.
>
> Schütteln Sie sich zuallererst, hüpfen Sie einige Male auf und ab, und dann nehmen Sie mehrere wirklich tiefe Atemzüge. Manchmal tut es auch gut, wenn Sie dabei ein Geräusch oder einen Ton von sich geben, wie ein »Ah« oder ein »Grrr«. Dann

schließen Sie Ihre Augen für einen Moment und lenken Ihre Aufmerksamkeit auf Ihren Atem.

Folgen Sie Ihrem Atem einige Zeit, und dann lassen Sie Ihre Aufmerksamkeit Ihren gesamten Körper wahrnehmen. Spüren Sie, ob es irgendwo in Ihnen einen Ort gibt, der Ihre Aufmerksamkeit benötigt. Möglicherweise kribbelt es in Ihren Händen, Sie schwitzen vor innerer Hitze, oder Ihr Kopf schmerzt vor lauter Gedanken. Sie können gern Ihre Hände auf den jeweiligen Bereich Ihres Körpers legen. Spüren Sie sich und beobachten Sie, was passiert, wenn Sie diesem Körperteil Ihre Aufmerksamkeit schenken. Nehmen Sie Ihre Gedanken wahr, die auftauchen, und auch mögliche Impulse, die Sie zu einem Handeln animieren wollen. Bleiben Sie genau dort mit Ihrer Aufmerksamkeit. Sie brauchen dem Impuls nicht nachzugehen. Hören Sie dem Täter zu, fühlen Sie ihn in sich und treten Sie mit Ihrer Angst in Kontakt.

Beschäftigen Sie sich so lange mit Ihren Gefühlen und Gedanken, wie Sie mögen bzw. können, und dann bringen Sie Ihre Aufmerksamkeit zurück in den Raum, in dem Sie sich gerade befinden. Bevor Sie Ihre Augen öffnen, nehmen Sie erneut mehrere tiefe Atemzüge. Bewegen Sie langsam und behutsam Ihren Körper, recken und strecken Sie sich.

Kapitel 6
Austausch mit anderen

Begegnungen, Seminare und Workshops

Es ist wunderbar, wenn Sie Zeit mit sich allein verbringen können. Das ist meiner Meinung nach eine grundlegende Voraussetzung dafür, in einer erfüllenden, nährenden Beziehung sein zu können – ohne Abhängigkeit vom Partner. Wir benötigen diese Freiheit, diese Zeit für uns.

Nichtsdestotrotz sind wir Menschen aber auch auf Nähe angewiesen, sehnen wir uns nach anderen Personen, um uns auszutauschen und Liebe zu verschenken. Dieser Austausch und diese Liebe können dabei auf ganz verschiedenen Ebenen stattfinden. Unabhängig davon, ob Sie einen Partner haben oder nicht, benötigen wir Menschen um uns herum, die uns verstehen und uns so annehmen, wie wir sind.

Bei Personen, die etwas Ähnliches erlebt haben, fühlen wir uns meist in höherem Maße verstanden und angenommen. Oft brauchen wir einfach eine Schulter zum Anlehnen oder einen Zuhörer. Wir wollen keine ungefragten Ratschläge, die vielfach auch gar nicht zu uns passen, und deshalb können uns Familienangehörige und viele Freunde in diesen Momenten nicht das geben, was wir brauchen. Umso wichtiger ist es, Menschen zu finden, bei denen wir uns verstanden und sicher fühlen, uns mitteilen, austauschen und uns mit allem, was uns ausmacht, zeigen können. Die Begegnung mit solchen Menschen hilft uns in unserer Entwicklung weiter, nährt uns, hält uns, stärkt uns.

Versuchen Sie also, Personen in Ihr Leben zu holen, die Sie unterstützen, die an schlechten und guten Tagen für Sie da sind, mit denen Sie lachen und weinen können. Oder suchen Sie sich Gruppen in Ihrer Nähe, die sich einmal in der Woche oder einmal im Monat treffen und Ihnen helfen, sich weiter mit Ihrem Körper zu verbinden – das können Tanzkurse, Meditationen, aber auch andere Gruppen sein, in denen Sie Ihr Bedürfnis nach Kommunikation und Austausch teilen können.

Es werden natürlich auch etliche Seminare und Workshops zu den unterschiedlichsten Themen angeboten. Das Themenspektrum ist riesengroß – am besten vertrauen Sie auf Ihre Intuition und finden für sich selbst heraus, ob etwas bzw. was Sie anspricht und ob Sie dafür Geld ausgeben möchten.

Ich möchte hier übrigens keine »Schleichwerbung« machen. Auch ohne Workshops kann man meiner Meinung nach ein erfülltes Leben führen. Ich kann nur von meinen persönlichen Erfahrungen berichten, und für mich hat der Austausch mit anderen, sowohl in Gruppen in meiner Nähe als auch auf Seminaren und Workshops, mein Leben bereichert und tut es noch immer. Ich möchte Ihnen deshalb einen kurzen Einblick geben und von meinen Erfahrungen berichten.

Ich habe Seminare von Eva-Maria Zurhorst, Chameli Ardagh und Lifedancing-Workshops von Carina-Maria Caur besucht. Meine Familie, Freunde und Kollegen konnten sich darunter kaum etwas vorstellen und hielten sie aus Angst und Unwissenheit für sektenähnliche oder religiöse Veranstaltungen. Sie waren anfangs verwundert, dass ich entspannt und glücklich von dort zurückkam. Für meine Familie und einige Freunde hörte es sich ziemlich beängstigend und befremdlich an, wenn ich ihnen etwas von Berührungen, Tanz, Nähe und Gefühlen erzählte. Heute spreche ich nur noch wenig über die Übungen, aber mein Umfeld spürt, wie viel sie mir bedeuten und wie erfüllend sie für mich sind.

Ich habe anfangs nicht gewusst, was mich auf den Workshops alles erwarten würde, aber ich bin trotz meiner eigenen Ängste der Stimme meines Herzens gefolgt. Viele der Übungen bei Chameli Ardagh und auch beim Lifedancing mit Carina-Maria Caur waren für mich große Herausforderungen und fühlten sich anfangs erschreckend an. Ich hatte Angst, so vieles falsch zu machen, und wusste gar nicht, wie man sich einfach nur mitteilt. Alles beruhte auf Freiwilligkeit, und man sollte einfach seiner Intuition folgen. Dabei wusste ich gar nicht, woran ich meine Intuition erkennen sollte bzw. ob ich so etwas wirklich besaß. Kontrolle loszulassen und mich verletzlich, unsicher und ängstlich zu zeigen musste ich erst lernen. Das kannte ich vorher nicht. Aber ich habe trotz meiner Widerstände immer wieder versucht, mich auf die Übungen einzulassen, und das hat sich jedes Mal gelohnt. Durch die Übungen und das Tanzen ist mir bewusst geworden, dass alles, wonach ich mich immer gesehnt habe, in mir selbst liegt. Alles ist in uns selbst zu finden, an unseren inneren Tatorten, wenn wir ermitteln und die Fälle bearbeiten, die sich dort auftun.

Die Leiter der Workshops sind keine Heiligen oder Übermenschen, ganz im Gegenteil, sie sind Menschen wie Sie und ich. Sie haben die gleichen Gefühle wie die Teilnehmer. Das Einzige, was sie von Ihnen und mir unterscheidet, ist, dass sie anderen dabei helfen, die eigenen Fähigkeiten zu entdecken.

Bei den Seminaren gibt es Übungen für Körper, Seele und Geist. Körperarbeit und Meditation helfen uns meines Erachtens dabei, unsere eigene innere Welt kennenzulernen. Ich möchte hier nicht tiefer auf einzelne Übungen eingehen, weil Sie Ihre eigenen Erfahrungen machen sollten. Schön ist auch, dass man auf den Workshops immer Menschen trifft, die ähnliche Interessen und Wünsche haben wie man selbst. Daraus können sich wunderbare Freundschaften ergeben.

Bei diesen Workshops darf man so sein, wie man ist. Man muss sich nicht verstellen, eine bestimmte Rolle ausfüllen. Ich habe dort gelernt, mich immer tiefer auf mich selbst einzulassen. Ich habe gelernt, mit anderen in Kontakt zu treten und trotzdem ich selbst bleiben zu können. Daneben habe ich herausgefunden und übe es regelmäßig, wie man anderen wirklich zuhört und sich ehrlich mitteilt. Diese Seminare und Workshops bieten einen sicheren Ort für mich und viele andere Menschen, um Neues auszuprobieren, viel über sich selbst zu lernen und fürs alltägliche Leben zu üben. Hinzu kommt, dass man zusammen lacht, weint, tanzt und singt. Dadurch entsteht viel Nähe, Intimität und Vertrauen. Bei den Seminaren kann ich auftanken, und mir wird dort immer wieder bewusst, dass wir mit unseren Ängsten nicht allein sind. Dort werden wir so angenommen, wie wir sind, und finden Unterstützung und Ermutigung, unseren Weg weiterzugehen. Wir können uns Ratschläge einholen, Erfahrungen austauschen, neue Techniken erlernen und andere verfeinern. Wir können üben, ausprobieren und unseren eigenen Stil entwickeln.

Meine große Leidenschaft und eine meiner wichtigsten Praxisübungen ist Lifedancing. Lifedancing kommt aus Göteborg und wurde von Carina-Maria Caur kreiert. Es ist eine »Freie Tanz«-Methode, um sich selbst und seinen Körper besser kennenzulernen – und zwar mit Hilfe von Bewegung, Atmung und der eigenen Körperwahrnehmung. Lifedancing schafft einen sicheren Raum, um sich frei zu bewegen und sich mit dem Leben und anderen zu verbinden, um immer mehr man selbst zu sein.

Dazu muss man weder irgendwelche Tanzschritte beherrschen noch sportlich sein; man benötigt lediglich die Bereitschaft, den eigenen Körper frei zu bewegen. Das ist anfangs unglaublich herausfordernd, weil man für sich selbst verantwortlich ist und auf seinen Körper hören soll, unabhängig davon, was die anderen machen. Es gibt keine vorgeschriebenen Bewegungsmuster. Es gibt aber Übungen, die einen dabei unterstützen, in den eigenen Körper einzutauchen. Dabei finde ich es wunderbar, wenn Männer und Frauen unter den Teilnehmern sind. Wenn sich die Männer mit ihrer Kraft und ihrer Verletzlichkeit zeigen und mit den Frauen, die ebenfalls diese beiden Seiten in sich tragen, in Kontakt treten. Das ist unglaublich berührend und befreiend.

Beim Lifedancing haben die Tänzer und Tänzerinnen die Möglichkeit, sich selbst immer besser wahrzunehmen, und entdecken für sich Wege, mit Angst, Wut, Freude und anderen Gefühlen sowie Stress oder physischem Schmerz umzugehen. Mit Hilfe des Körpers lernt man, sich selbst auszudrücken, loszulassen und Körper und Geist zu entspannen. Der eigene Körper wird sozusagen bewusst mit einbezogen und gemeinsam mit unseren Gefühlen und Gedanken als eine Einheit betrachtet.

Für mich spiegelt Lifedancing wirklich den Tanz des Lebens mit all seinen Gegensätzen wider. Mit Hilfe von Bewegung verbindet man sich immer wieder mit sich selbst und öffnet sich gleichzeitig für andere. Man zeigt sich mit allem, was gerade da ist, und lernt, sich selbst und andere so anzunehmen. Das erfordert Mut, gerade in Momenten, wo man Angst bzw. Widerstand verspürt. Doch ohne Anspannung und Entspannung, ohne Einatmen und Ausatmen ist Leben nicht möglich. Mit diesen Gegensätzen in sich zu tanzen bedeutet, dass wir unseren Körper, unseren Geist und unsere Seele eine Balance zwischen diesen angeblichen Gegensätzen lehren, die bei genauerem Hinsehen eine Einheit bilden.

FAZIT: Lifedancing von Carina-Maria Caur und die Arbeit mit Awakening Women von Chameli Ardagh sind für mein Leben wichtige Stützpfeiler geworden. Ich glaube, dass jeder für sich selbst etwas in seinem Leben finden sollte, das ihn nährt und stärkt. Alles, was Ihnen helfen kann, Sie immer wieder auftanken lässt, Ihnen neue Impulse gibt, damit Sie sich den täglichen Herausforderungen des Lebens aufs Neue stellen können, ohne sich zu verlieren oder aufzugeben, stellt einen Stützpfeiler in Ihrem Leben dar.

Schluss

Krisen, aber auch Konflikte wird es in unserem Leben immer wieder geben. Sie können lehrreich für uns sein, weil sie uns Wahrheiten über uns selbst, das Leben und unsere Beziehung zu anderen Menschen aufzeigen. Was wir aus unseren Krisen und Konflikten machen, wie wir mit ihnen umgehen, beeinflusst unser Leben, denn wir sind immer voller Gefühle, Gedanken und körperlicher Empfindungen. Alle drei zusammen bilden eine untrennbare Einheit, alles ist miteinander verbunden und beeinflusst sich gegenseitig. Unsere tiefsten Ängste beruhen auf Kindheitserfahrungen, die für uns schmerzhaft waren und vielleicht sogar lebensbedrohend wirkten. Da wir uns dieser Verstrickungen oft nicht bewusst sind, leben wir auch als Erwachsene häufig ein Leben, das uns nicht wirklich erfüllt. Erst in Krisenzeiten hinterfragen viele von uns ihr bisheriges Leben und wagen gezwungenermaßen einen Blick auf sich selbst.

Doch wir müssen nicht immer erst abwarten, bis uns das Leben wachrüttelt, wir können uns auch ganz ohne Krise etwas Gutes tun, indem wir in uns gehen und uns aus unseren Verstrickungen in den gegenwärtigen Augenblick zurückholen. Dazu ist es wichtig zu verstehen, dass unsere Gedanken eng mit unseren Erfahrungen verbunden sind. Unsere Erfahrungen beruhen auf persönlichen

Erlebnissen, familiären Vorgeschichten, gesellschaftlichen Ereignissen und Werten. Wir lernen aus unseren Erfahrungen. Unsere Gedanken beeinflussen wiederum unsere Gefühle und unser Verhalten. Mit Hilfe unseres Körpers drücken wir unsere Gefühle aus bzw. werden sie für uns erst greifbar. Befinden wir uns in einem emotionalen Ungleichgewicht, dann drückt sich das in unserem Körper aus. Unser Körper gibt also unseren Gedanken und Gefühlen die Möglichkeit, sich uns sichtbar zu machen, mit uns zu kommunizieren. Umgekehrt kann unsere Körpersprache auch unsere Gefühle und Gedanken verändern. Alles, was wir erleben, speichern wir nicht nur mental und in unserer Seele ab, sondern auch in unserem Körper. Deshalb ist es wichtig, auf allen drei Ebenen Bewusstheit zu schaffen.

Da sich unsere Gedanken meist mit der Vergangenheit beschäftigen oder in die Zukunft gerichtet sind, befinden wir uns selten im gegenwärtigen Augenblick. Aber nur dort können wir wirklich ein erfülltes Leben führen. Mit Hilfe unseres inneren Ermittlers können wir lernen, einen gewissen Abstand zu unseren Gefühlen, Gedanken und körperlichen Empfindungen einzunehmen. Dieser Abstand trennt uns nicht von uns selbst, ganz im Gegenteil verbindet er uns enger mit uns selbst. Die notwendige Distanz bewirkt, dass wir uns selbst objektiver wahrnehmen können und uns nicht in einem Gedanken, Gefühl oder einem Schmerz im Körper verlieren. So lernen wir, uns selbst mit allem anzunehmen.

Beobachtung, Wahrnehmung und Annahme sind die Werkzeuge unseres inneren Ermittlers, der anhand unserer inneren Tatorte unsere Täter identifizieren, verfolgen und schließlich überführen kann. Somit befreien wir uns aus unserer selbstgeschaffenen Opferrolle. Machen wir uns hingegen unsere Ängste nicht bewusst, dann beeinflussen diese Täter unbewusst unser Denken, Fühlen und Handeln. Denn wo ein Täter ist, muss es zwangsläufig auch ein Opfer geben. Stellen wir uns unseren Tätern, dann werden wir feststellen, dass diese Ängste meist unbegründet sind und einer kindlichen Illusion zugrunde liegen. Dann übernehmen wir die Verantwortung für unsere Gedanken, Gefühle und unser Verhalten.

Indem wir unsere Aufmerksamkeit auf uns selbst lenken, unseren Gedanken bei einer Vernehmung einfach nur zuhören und sie wertneutral wahrnehmen, erschaffen wir einen Raum, der Akzeptanz hervorbringt und gleichzeitig Veränderung zulässt. Der bewusste Umgang mit unseren Gefühlen macht uns in Verbindung mit der Wahrnehmung unserer Gedanken und unseres Körpers deutlich, dass wir unseren Gefühlen nicht hilflos ausgeliefert sind. Vielmehr helfen sie uns dabei, ein authentisches, erfüllendes Leben zu führen. Je mehr wir also unseren Fokus auf uns selbst richten, desto mehr entdecken wir, wer wir wirklich sind. Die Sichtbarmachung, Beobachtung und Annahme unserer Gefühle, Gedanken und Verhaltensmuster führt dazu, dass wir nicht mehr nur quasi automatisch auf andere Menschen oder Situationen reagieren, sondern wir können nun wahrhaftig in Kontakt mit anderen treten und uns authentisch mitteilen, nämlich so, wie wir in dem betreffenden Moment wirklich sind. Wir brauchen uns nicht mehr zu verstecken, um es anderen recht zu machen oder um irgendeine Rolle zu erfüllen. Wir fangen endlich an, unser eigenes Leben zu leben und die Verantwortung dafür zu übernehmen. Mit dieser Grundhaltung wird das eigene Leben zum wohl spannendsten Kriminalfall.

Gehen wir anders als bisher mit Krisen und Herausforderungen um, stellen wir uns ihnen, dann erkennen wir immer häufiger, dass Veränderungen gut und wichtig sind. Herausforderungen sind Geschenke und Chancen zum persönlichen Wachstum. Je mehr wir an unseren inneren Tatorten tätig werden und die dortigen Herausforderungen annehmen, desto mehr unserer Verstrickungen und Blockaden können wir lösen. Wir werden freier, geduldiger, selbstbestimmter, offener und mitfühlender. Wir beginnen, diese Ermittlungsarbeit als Teil unseres Lebens zu sehen und uns selbst zu lieben.

Alles, wonach wir uns sehnen, ist nicht ein anderer Mensch oder ein ferner Ort, sondern der Kontakt zu uns selbst. Je mehr wir uns annehmen, desto mehr bekommen wir im Außen davon widergespiegelt. Nur das, was wir selbst imstande sind uns zu geben, können wir auch von anderen wahrnehmen und annehmen.

Regelmäßige Übungen und Rituale helfen uns, diesen anfangs schwierigen Weg zu gehen. Indem wir die Verantwortung für unser Leben, für unsere Entscheidungen übernehmen, kann unser Leben zu dem werden, was wir uns schon immer gewünscht haben – oder sogar noch mehr. Wir selbst zu sein und es immer mehr zu werden ist das größte Geschenk, das wir uns selbst und anderen Menschen machen können.

Unabhängig davon, ob Sie weiter mit Ihrem Ermittler arbeiten wollen oder nicht, hoffe ich, dass mein Buch etwas Wesentliches gezeigt hat: Es ist unendlich wichtig, sich täglich Zeit für sich selbst zu nehmen. Oftmals müssen wir uns das fest in unseren Alltag einplanen, weil unser Verstand ansonsten jede Menge Ausreden findet, warum andere Dinge wichtiger sind. Wir sind nun einmal Gewohnheitsmenschen, also machen Sie es sich zur Gewohnheit, zum Ritual, sich diese Zeit auch zu gönnen, denn es tut so gut. Richten Sie täglich Ihren Fokus nach innen, horchen Sie in sich hinein, reflektieren Sie, nehmen Sie wahr. Wir alle besitzen diesen klugen und objektiven Ermittler, der neugierig ist und genau weiß, was wir benötigen, was in uns gerade los ist. Je mehr Sie sich mit diesem Teil Ihrer selbst bewusst befassen, umso mehr wird er ein fester, bewusster Bestandteil Ihres Lebens, der Ihnen hilft, immer wieder im gegenwärtigen Moment zu leben.

Zum Schluss noch eine letzte praktische Übung und dann wünsche ich Ihnen von Herzen Mut, Vertrauen, Mitgefühl und grenzenlose Liebe.

Übung zum Schluss:

Nehmen Sie sich jeden Tag 15 bis 20 Minuten Zeit für sich. Machen Sie es sich in Ihrem Raum bequem und wiederholen Sie Übung 17. Belohnen Sie sich regelmäßig und gönnen Sie sich immer wieder kleine Auszeiten vom Alltag. Lernen Sie fürs Leben, lernen Sie für sich selbst, um wirklich zu leben.

Anhang

Checkliste für die Arbeit mit unseren Gefühlen

1. Raum schaffen und sich Zeit nehmen: Welche Vorkehrungen müssen im Vorfeld getroffen werden, um in Ruhe und mit Zeit die inneren Tatorte aufsuchen zu können?

- Äußere Störfaktoren wie Handys, Telefone, Fernseher für eine gewisse Zeit fernhalten, um sich in Ruhe den belastenden Gefühlen stellen zu können. Auch Ihr Partner, Kinder, Freunde sollten Sie in dieser Zeit nicht ansprechen.
- Nehmen Sie sich regelmäßig Zeit, um mit Ihrem inneren Ermittler für ca. 10 bis 30 Minuten an den inneren Tatorten ermitteln zu können.
- Papier und Bleistift sollten griffbereit sein.
- Schaffen Sie sich eine angenehme, ruhige und schöne Atmosphäre.
- Schicken Sie Ihren Ermittler bewusst auf die Suche.

2. Wahrnehmen und Beobachten: Was fühlen Sie gerade, und wo ist es in Ihrem Körper spürbar?

- Nehmen Sie Ihre inneren Tatorte wahr, indem Sie in Ihrem Körper Verspannungen, Schmerz, Unruhe etc. lokalisieren.
- Versuchen Sie wahrzunehmen, wie sich der Schmerz, die Unruhe oder Ähnliches anfühlt.

Folgende Fragen können Ihnen dabei helfen:

- Wo in Ihnen befindet sich Ihr Tatort?
- Wie fühlt es sich dort an?

3. Annehmen der Gefühle, ohne sie zu verurteilen: Zeugen vernehmen

- Machen Sie sich Ihre Gedanken im jeweiligen Augenblick bewusst.
- Hören Sie sich selbst zu, indem Sie Ihre Gedanken beobachten, ohne sie zu bewerten. Lassen Sie Ihren Ermittler eine Zeugenvernehmung mit Ihren Gedanken durchführen. Denken Sie daran, dass unsere Gedanken nicht immer die Wahrheit erzählen, lassen Sie sie aber erst einmal nur erzählen.
- Die Aussagen Ihrer Gedanken helfen Ihnen, eine Ihrer vielen Strategien aufzudecken, um ein bestimmtes Gefühl zu unterdrücken.

- Machen Sie sich das Gefühl bewusst und welche Strategie Sie entwickelt haben, um dieses Gefühl nicht wahrnehmen zu müssen.
- Nehmen Sie alle Impulse wahr, die in diesem Moment zum Vorschein kommen. Machen Sie sich auch bewusst, wie Sie sich dann meistens verhalten.

Beantworten Sie dazu folgende Fragen:

- Was denken Sie in diesem Moment?
- Was erzählen Ihre Gedanken Ihrem Ermittler während der Zeugenvernehmung?
- Welche Strategien fallen Ihnen auf?
  - Was möchten Sie bei diesem Gefühl am liebsten tun?
  - Wie verhalten Sie sich dann meistens?

4. Gefühle in ähnlichen Situationen: Abgleich Ihrer Wahrnehmung, um Gemeinsamkeiten und die zugrunde liegende Angst zu identifizieren

- Vergleichen Sie das Gefühl und Ihr Verhalten mit ähnlichen Situationen aus Ihrer Vergangenheit.
- Machen Sie sich bewusst, wann Sie sich genauso verhalten und was der Auslöser sein könnte.
- Identifizieren Sie Ihren Täter. Benennen Sie Ihre Angst.

Folgende Fragen können Ihnen dabei helfen:

- Empfinden Sie in anderen Situationen ähnlich?
- Verhalten Sie sich ähnlich? Wann und wie?
- Welcher Täter ist am Werk? Welche Angst steckt dahinter?

5. Wertschätzung: Anerkennung und Lohn für Ihre Arbeit

- Feiern Sie Ihre Erfolge und wertschätzen Sie sich: Ihr Mut, Ihr Fortschritt und das Bewusstmachen Ihrer Gefühle und Gedanken dürfen immer wieder gefeiert werden!

6. Raum für Veränderung: Wiederholen und Üben

- Üben Sie sich immer wieder im Wahrnehmen und Annehmen Ihrer Gefühle und Gedanken: Wenn Sie Ihre Gefühle wirklich spüren, werden sie Ihnen viel besser bewusst. Das bewirkt, dass sich Ihr Geist, Ihr Körper und Ihre Seele verändern. Dieser Prozess benötigt Zeit und Übung. Haben Sie deshalb Geduld und Mitgefühl mit sich selbst und gehen Sie liebevoll mit sich um.

Dank

Ich möchte mich bei allen bedanken, die mir den Mut, die Impulse und die Kraft gegeben haben, meine Sehnsucht zu stillen und mein Buch zu schreiben. Ebenso bei all denen, die mich auf meinen bisherigen Wegen begleitet, unterstützt, gefördert, geliebt und gefordert haben. Und natürlich bei denjenigen, die es bis heute noch immer tun! Danke fürs Zuhören, Lesen, In-den-Arm-Nehmen, einfach fürs »Dasein«.

Von Herzen bin ich für meine wunderbare Familie, meine Freunde, Kollegen, »Tisch 34« und meinen Yogini-Circle dankbar. »Smug, puss, puss, kisses, Küsse« an euch alle!

Meine Eltern sind immer für mich da und unterstützen mich, obwohl sie mit einigem von dem, was mir am Herzen liegt, wenig anfangen können. Dafür danke ich euch. Ich liebe euch sehr. Unendlich dankbar bin ich auch für meine zauberhaften Nichten Helena und Melina, die mir immer wieder zeigen, wie wichtig Verspieltheit, Leichtigkeit und Freude im Leben sind. Ihr Umgang mit Gefühlen, die Art und Weise, wie sie die Welt sehen und lieben, inspiriert mich und lehrt mich so vieles. Von ihnen geliebt zu werden ist eines der größten Geschenke in meinem Leben. Ich hab euch so unendlich lieb.

Mein ganz besonderer Dank gilt meiner über alles geliebten Schwester Sandra, die sich immer wieder Zeit zum Lesen genommen und sich meine Gedanken und Ideen angehört hat. Tausend Dank für deine Geduld, Zeit und das Brainstorming, Big Sis. Ich liebe dich!

Darüber hinaus möchte ich mich von Herzen bei Eva-Maria Zurhorst bedanken, deren Worte mich mitten ins Herz getroffen haben. In Zeiten meiner Krise waren ihre Bücher wie Balsam für meine Seele, ein echter Wegbereiter und Wegbegleiter.

Ein ganz besonderer Mensch ist für mich in dieser Zeit Susanne Branscheid geworden. Sie war mein Engel in der Not. Sie hat mir geholfen, mich zu öffnen und verletzlich zu zeigen. Im Herzen verbunden!

Chameli Ardagh: Ich liebe diese Frau, ihre Authentizität, Leidenschaft und ihre Berufung. Es macht so unendlich große Freude, ihr zuzuhören und von und mit ihr zu lernen. Sie ist eine große Inspiration und ein Vorbild für mich. Tausend Rosenblüten lege ich vor ihre Füße.

Von Herzen möchte ich mich auch bei Carina-Maria Caur bedanken. Sie hat in mir die Leidenschaft fürs Lifedancing geweckt, die ich nun weitergeben möchte. Sie ist ein wunderbarer Mensch, dem ich mich zutiefst in Liebe verbunden fühle. Sie fordert mich, unterstützt mich und hilft mir, meinen Weg immer weiterzugehen. Bei ihr habe ich gelernt, andere in ihrer Einzigartigkeit anzunehmen und so zu lieben, wie sie sind.

Besonderen Dank auch an Martina Fuchs für ihre Kreativität und Unterstützung sowie an meine wunderbaren

Lifedancing-Schwestern Jasmin, Camilla und HeliA. You rock girls!

Auch an meinen verstorbenen Opa möchte ich diese Zeilen richten, der mich durch seine Liebe zur Poesie und Literatur zum Schreiben inspiriert hat. Zeilen dieses Buches hat er noch gelesen, und er hat mich immer zusammen mit meiner Oma unterstützt. Danke euch beiden!

Danken möchte ich auch dem Goldmann Verlag und allen beteiligten Mitarbeitern, insbesondere Ulrich Ehrlenspiel, Usha Swamy und Sabine Stechele, für das Vertrauen in mich und mein Buch. Ein herzliches Dankeschön gilt Judith Mark für das Lektorat und die wundervolle Zusammenarbeit.

Mein nächster Dank mag vielleicht merkwürdig klingen, aber ich möchte mich bei allen Eichhörnchen dieser Welt bedanken, die meine Wege gekreuzt haben und noch kreuzen werden. Kein anderes Tier vermag mein Herz so zu öffnen, mich so tief zu berühren wie ein Eichhörnchen. Danke dafür, dass ihr mir zeigt, wie einfach Lieben eigentlich ist.

Zuallerletzt möchte ich mich bei meinem gebrochenen Herzen bedanken. Ohne die vielen kleinen Risse und ganz besonders den einen großen hätte ich mich vermutlich nie auf den Weg begeben, der mir jetzt so viele wunderbare Möglichkeiten eröffnet und mein Leben so lebenswert und wertvoll macht. Tausend Dank, mein Herz, für all das Aufzeigen, Spüren, Heilen, Vergeben. Für deine Geduld, deinen endlosen Mut sowie deine Hingabe, Leidenschaft und Neugierde. Danke auch für deine strahlende, endlose Liebe für das Leben und meine Mitmenschen, für die Herausforderungen und natürlich für mich. Was wäre ich bloss ohne dich, mein Herz?

Meine Eltern und meine Schwester werden jetzt vermutlich laut lachen, denn früher habe ich im Auto auf Reisen immer folgenden Satz gesagt, mit dem ich zum Ende kommen möchte: »Miriam, wir lieben dich. Ich danke euch, meine Freunde!«

In diesem Sinne: Lieben Sie die Liebe und lieben Sie es, geliebt zu werden.

Literatur

Ardagh, Chameli: Komm dir näher – und liebe deine tiefste Sehnsucht, Bielefeld: Kamphausen 2008

Betz, Robert: Wahre Liebe lässt frei – Wie Frau und Mann zu sich selbst und zueinander finden, München: Integral 2009

Boerner, Moritz: Byron Katies The Work: Der einfache Weg zum befreiten Leben, München: Goldmann 1999

Eldredge, Stacy und John: Weißt du nicht, wie schön du bist? Was passiert, wenn Frauen das Geheimnis ihres Herzens entdecken, Giessen/Basel: Brunnen 2006

Fromm, Erich: Die Kunst des Liebens, Berlin: Ullstein 2005

Hendricks, Gay: Lebe dein Leben, bevor es andere für dich tun, München: MensSana 2010

Kornfield, Jack: Meditation für Anfänger, München: Arkana 2007

Migge, Björn: Handbuch Coaching und Beratung, Weinheim/Basel: Beltz 2007

Migge, Björn: Studienheft für den Personal Coach, Personal und Business-Coach (PBCo) 13, Dr.-Migge-Seminare

Münchhausen, Marco von: Liebe und Partnerschaft mit dem inneren Schweinehund, Frankfurt a. M./New York: Campus 2009

Norwood, Robin: Wenn Frauen zu sehr lieben – Die heimliche Sucht gebraucht zu werden, Reinbek: Rowohlt 1991

Onken, Julia: Vatermänner: Ein Bericht über die Vater-Tochter-Beziehung und ihren Einfluss auf die Partnerschaft, München: C. H. Beck 2006

Reichel, Bianca: Angst in der psychoanalytischen Betrachtung Sigmund Freuds, München: GRIN 2000, http://www.hausarbeiten.de/faecher/vorschau/97166.html

Spezzano, Chuck: 50 Wege loszulassen und glücklich zu sein: Wegweiser, Vergangenes loszulassen und glücklich in der Gegenwart zu leben, Petersberg: Via Nova 2007

Trobe, Thomas und Gitte: Vertrauen ist gut – Selbstvertrauen ist besser: Wege aus der Enttäuschungsfalle, Köln: innenwelt 2004

Trobe, Thomas: Liebe ist (k)ein Kinderspiel – Von unseren Ängsten und der Kunst, aus Beziehungen zu lernen, Herrsching: Koregaon 2001

Viorst, Judith: Mut zur Trennung – Menschliche Verluste, die das Leben sinnvoll machen, München: Heyne 1994

Zurhorst, Eva-Maria: Liebe dich selbst und es ist egal, wen du heiratest, München: Goldmann 2004

Zurhorst, Eva-Maria und Wolfram: Liebe dich selbst und freu dich auf die nächste Krise, München: Goldmann 2007